***ACCESO GRATIS** a la Lectura en la Nube*

Para visualizar el libro electrónico en la nube de lectura envíe junto a su nombre y apellidos una fotografía del código de barras situado en la contraportada del libro y otra del ticket de compra a la dirección:

ebooktirant@tirant.com

En un máximo de 72 horas laborales le enviaremos el código de acceso con sus instrucciones.

DICCIONARIO BÁSICO DE DERECHO ELECTORAL

Procedimiento de selección de originales, ver página web:
www.tirant.net/index.php/editorial/procedimiento-de-seleccion-de-originales

DICCIONARIO BÁSICO DE DERECHO ELECTORAL

MIGUEL ÁNGEL HERNÁNDEZ GÓMEZ

tirant lo blanch
Ciudad de México, 2024

© EDITA: TIRANT LO BLANCH
DISTRIBUYE: TIRANT LO BLANCH MÉXICO
Av. Tamaulipas 150, Oficina 502
Hipódromo, Cuauhtémoc, 06100, Ciudad de México
Telf: +52 1 55 65502317
infomex@tirant.com
www.tirant.com/mex/
www.tirant.es
ISBN: 978-84-1071-381-9

Si tiene alguna queja o sugerencia, envíenos un mail a: *atencioncliente@tirant.com*. En caso de no ser atendida su sugerencia, por favor, lea en *www.tirant.net/index.php/empresa/politicas-de-empresa* nuestro Procedimiento de quejas.

Responsabilidad Social Corporativa: http://www.tirant.net/Docs/RSCTirant.pdf

Agradecimientos

Agradezco profundamente al Rector de la UAGro, Dr. Javier Saldaña Almazán, por su guía y orientación, quien desde el inicio me inculcó la importancia del estudio riguroso y la claridad en el lenguaje jurídico. A la Mtra. Leticia Jiménez Zamora, Presidenta de la AMEREIAF, quien a través de su aporte académico, su disposición de compartir su conocimiento y experiencia, me ha sido de gran fortaleza y alentado a perseguir la excelencia académica. A mi familia, por su constante motivación y apoyo incondicional para la realización de este trabajo.

M.A.H.G.

ÍNDICE

E

F

I

J

L

M

N

O

P

Q

R

S

V

PRÓLOGO

Uno de los retos del sistema jurídico mexicano hacia el siglo XXI es la agenda política electoral, en la cual se encuentran inmersas en diversidad de figuras importantes como lo es el neoconstitucionalismo, la soberanía y la democracia; con ello, el Estado busca asegurar contiendas electorales que se encuentren tuteladas de los principios que son señalados en la Carta Fundamental mexicana.

Es así que en el estudio del derecho electoral se encuentran diversos conceptos[1], los que varían según por sus características y elementos, sin embargo, en general la gran mayoría de ellos coinciden, en que el derecho electoral debe ser estudiado desde dos aspectos fundamentales; esto es desde un punto de vista en sentido amplio y estricto; describamos estas características.

Lo anterior se vuelve punto de interés para la ciudadanía, ya que desde el punto de vista constitucional, el derecho electoral debe dotar de diversas implementaciones para buscar una "igualdad de oportunidades" entre los contendientes para la postulación a una candidatura en un proceso electoral.

Es así que el derecho electoral mexicano al contar con un nivel de especialización y estudio, las instituciones encargadas de organizar y calificar las elecciones son robustas, complejas y con un gran número de funciones por lo que, a partir de los últimos cambios constitucionales se han crearon nuevas reglas e instituciones que hoy se encargan de garantizar la autenticidad del sufragio emitido por la ciudadanía[2].

---

1 Véase; Nohlen, Dieter, et al., Diccionario de Ciencia Política. Teorías, Métodos, Conceptos, Tomo I, Porrúa y el Colegio de Veracruz, México 2006, p. 367-368; Aragón, Manuel, Derecho electoral: sufragio activo y pasivo, en: Dieter Nohlen, Daniel Zovato, Jesús Orozco, José Thompson (compiladores), Tratado de derecho electoral comparado de América latina, México, 2007, p. 178; María del Pilar Hernández, en: Instituto de Investigaciones jurídicas. Enciclopedia Jurídica Mexicana, Tomo III, Porrúa, México 2002, p. 282.

2 Derecho Electoral Mexicano, Libro de Texto, Centro de Capacitación Judicial Electoral, Tribunal Electoral del Poder Judicial de la Federación, México, 2011, p-3; Véase: https://www.te.gob.mx/ccje/Archivos/libro_derechoelec.pdf

Este es entonces uno de los propósitos de esta gran obra que se pone en sus manos y a su disposición, la cual trata de exponer los términos más importantes que se encuentran inmersos en el derecho electoral y sobre todo en el mexicano, así como el gran papel que juegan las instituciones electorales, los partidos políticos, las candidaturas ciudadanas y todas aquellas figuras que se encuentran inmersas en la postulación para cargos de elección popular.

En cada sección del Diccionario Básico de Derecho Electoral, se describen conceptualizaciones muy robustas de diferentes figuras del derecho electoral, por lo que en cada palabra se hace, por ejemplo un señalamiento sobre la necesidad de un estudio básico de esta materia para entender el acceso a los cargos a través del voto popular; así como propuestas de definiciones y conceptos sobre una diversidad de temas que atañen a la materia en cuestión.

En algunos conceptos se encontrarán descripciones de algunas doctrinas con las que se cuentan en los principales países democráticos, por lo que el Maestro Miguel Ángel Hernández Gómez hace una aportación para el desarrollo teórico y práctico del nuevo derecho electoral mexicano.

Es por ello que la obra es de suma importancia, ya que al conjuntar las ideas de diversos vocablos en un Diccionario Básico de Derecho Electoral, se desarrollan conceptos propios de cara a los nuevos retos de los procesos electorales venideros.

Un punto importante en esta obra es el desarrollo en la conceptualización del derecho electoral mexicano, es dotar de material de estudio y consulta para entender por ejemplo de cómo es la transmisión de los cargos públicos en los órganos del Estado Mexicano, cómo es el ejercicio de los derechos político-electorales de los ciudadanos (votar, ser votado, asociación y afiliación) así como un entendimiento en diferentes significados como impugnación electoral, jefe de estado, jefe de gobierno, legitimidad, mayoría absoluta y relativa, esto por señalar algunos conceptos.

Es así que el presente Diccionario Básico de Derecho Electoral cuenta con varios aciertos, entre ellos su estudio de vocablos de una manera exhaustiva y precisa, lo que lo vuelve una obra de consulta para aquellas nuevas generaciones y toda aquella persona que quiera iniciar su estudio en el campo del derecho electoral mexicano.

Dr. **José Luis Ramírez Huanosto**

Doctor en Derecho por la División de Estudios Jurídicos del Centro Universitario de Ciencias Sociales y Humanidades de la Universidad de Guadalajara, cuenta además con la especialidad en derecho procesal y con el grado de Maestro en Derecho, ambos otorgados por la División de Estudios de Posgrado de la Facultad de Derecho y Ciencias Sociales dependiente de la Universidad Michoacana de San Nicolás de Hidalgo, ha realizado estudios en el extranjero por lo que cuenta con el Diplomado de Estudios Avanzados —DEA— con reconocimiento en la Comunidad Económica Europea, con un Master Internacional en Justicia Constitucional y Derecho Electoral por la Universidad Castilla-La Mancha y Doctorante en Filosofía en Derecho por la Facultat de Dret en Girona, España; actualmente Investigador del Sistema Estatal de Investigadores del Consejo Zacatecano de Ciencia, Tecnología e Innovación.

PRESENTACIÓN

México, es un país en plena transformación de sus instituciones, se ha dado la social, la energética, la fiscal, de tal manera, que la reforma electoral no ha sido la excepción, en este sentido, hoy se cuenta con instituciones más robustas y coherentes con los nuevos requerimientos de una sociedad, por mencionar algunas, lo son: el Instituto Nacional Electoral y el Tribunal Electoral del Poder Judicial de la Federación, garantes de nuestra instituciones democráticas.

Uno de los temas torales del Derecho, lo es el derecho electoral y el derecho procesal electoral mexicanos, sin duda alguna, se han escrito diversas obras de gran trascendencia en la materia, sin embargo, existía hasta hace poco, una cuenta pendiente, delimitar en su esencia las principales figuras que se aplican en dichos ámbitos.

El Diccionario que de forma inmerecida, me ha encargado presentar el autor de tan emblemática obra, el distinguido profesor de la prestigiada Facultad de Derecho de la Universidad de Guerrero Mtro. Miguel Ángel Hernández Gómez, viene a restablecer el compromiso que la doctrina no había podido saldar, el de que en México, se pudiera contará con un Diccionario de Derecho Electoral, que nos delimitara la naturaleza de las principales instituciones que continuamente utilizan los alumnos, profesores y juristas del Derecho.

Luego entonces, el presente Diccionario de Derecho Electoral, además de sentar las bases para que de aquí puedan partir nuevos estudios, desnuda cada una de las instituciones que se tratan, y refleja con gran transparencia el añejo conocimiento teórico practico de su autor.

La obra tiene varios méritos, pero quiero mencionar solamente dos, el primero, es su contenido, exhaustivo y concreto, lo que la hace un instrumento de consulta obligatoria para todo estudioso del Derecho Electoral, el segundo, es que a cada institución electoral, el autor le da un tratamiento equilibrado, de esta forma, cada voz se ve identificada con la pluma del autor.

Las voces que dan contenido al Diccionario de Derecho Electoral, son de distinta naturaleza, que hacen ver la integridad jurídica de que es poseedor el autor, como son: los delitos electorales, el derecho procesal electoral, la cuota de género, la impugnación electoral, entre otras.

La presente obra, no necesita presentación, ya que su calidad está avalada y sustentada por su contenido. Una obra de la que estoy plenamente seguro, que alcanzará innumerables ediciones, pero de la que también tengo la certeza, que su autor, la estará actualizando continuamente.

La obra es el reflejo de un hombre que ha combinado el ámbito académico y político, calidades necesarias e indiscutibles que tiene que tener toda persona que quiera dedicarse a la política o academia, no se puede ser un hombre de Estado, sin tener el conocimiento necesario de sus entrañas. Enhorabuena profesor Miguel Ángel Hernández Gómez.

Dr. Mtro. **Filiberto Otero Salas**
Presidente del Foro Mundial de Jóvenes Administrativistas

A

ABSTENCIONISMO ELECTORAL

La palabra abstener, deriva del latín abstiner, que según el diccionario de la Real Academia Española, consiste en privarse de algo o no participar en algo a que se tiene derecho. En el derecho electoral el abstencionismo se refiere específicamente a no votar cuando se tiene el derecho de hacerlo.

Podemos distinguir diferentes tipos de abstencionismo, entre los que destacan el abstencionismo técnico, el abstencionismo político, el abstencionismo apático y el abstencionismo cívico. Cada uno se relaciona con diferentes causas.

El *abstencionismo técnico* se refiere a que el ciudadano no vota por causas que no son imputables a él, por ejemplo enfermedad, clima, distancia; el *abstencionismo político* puede referirse al rechazo al sistema político, al rechazo concreto a la convocatoria electoral, o bien, a la no identificación con ninguno de los candidatos; el *abstencionismo apático* se relaciona con la pereza, unida con la poca importancia que el individuo le da al hecho de votar; y el *abstencionismo cívico* se da cuando el ciudadano sí participa en la votación, pero no se pronuncia por ninguna de las opciones, se puede manifestar con lo que se conoce como el voto en blanco o voto nulo.

Las causas de la abstención electoral pueden ser diversas y se pueden relacionar con los diferentes tipos de abstención. Podemos señalar que en el fenómeno concurren factores sociodemográficos, psicológicos y políticos.

Factores sociodemográficos, como el sexo, la edad, el nivel de educación y de ingresos, la religión, etc., pueden ser determinantes en la participación electoral. Así, en razón de la edad, se considera que el abstencionismo se presenta más comúnmente en personas jóvenes y que a mayor edad disminuye el fenómeno, pero esta variable no es definitiva, pues puede que no en todos los casos se cumpla. En relación al sexo, en las elecciones de 2009 la tasa de participación femenina (47.35 por ciento) fue superior en casi siete puntos porcentuales a la masculina (40.53 por ciento).

El tipo de elección también provoca cierto nivel de abstencionismo. Entre 1997 y 2006 cuando las elecciones no fueron concurrentes (coincidencia de federales y locales), lós electores se abstuvieron por este factor entre 2 y 6 por ciento. Para el caso de las elecciones intermedias (cuando no se elige Presidente), el abstencionismo provocado fue de 3 y 4 por ciento.

Los factores psicológicos son asociados principalmente con el abstencionismo apático, pues se refieren a la indiferencia, el desinterés y la escasa importancia de la participación. Por lo que hace a los factores políticos, la desconfianza, el rechazo y la inconformidad en el sistema político son algunos de los principales aspectos determinantes.

En nuestro país, votar es un derecho de los ciudadanos de acuerdo a lo establecido en el artículo 35 de la Constitución Política de los Estados Unidos Mexicanos, pero además en su artículo 36 se señala como una obligación.

En algunos países se han implementado medidas que contribuyan a la disminución del abstencionismo entre ellas el denominado "voto obligatorio", como en el caso de Australia, país en el que no votar trae como sanción una multa, y que ha logrado que el abstencionismo sólo se de en un 5%. Bélgica, Austria Holanda, Dinamarca, Argentina, Brasil y Chile son algunos de los demás países que le han dado al voto obligatoriedad.

Con la finalidad de contrarrestar el abstencionismo se han utilizado algunos métodos para facilitar la emisión del voto, tales como: aproximación de la urna al elector, establecer un horario amplio de la apertura de las casillas, fijar la celebración de la jornada electoral en un día festivo, instrumentar el voto a distancia (por correspondencia o electrónico), entre otros.

OÑARTE GARZA, Tatyanna, "El abstencionismo en México. Una visión institucional del tema", Alegatos, México, núm. 74, enero-abril de 2010. Disponible en: http://www.azc.uam.mx/publicaciones/alegatos/pdfs/67/74-12.pdf

FRANCO-CUERVO, Beatriz y FLÓREZ HENAO, Javier Andrés, "Aproximación teórico-conceptual de la participación electoral: una discusión aún abierta", Desafíos, Colombia, núm. 21, julio-diciembre de 2009. Disponible en: http://biblio.juridicas.unam.mx/libros/6/2734/23.pdf

Abstencionismo y cultura política en México. Centro de Estudios sociales y de Opinión Pública, Cámara de Diputados. Disponible en: http://goo.gl/QtxY3c

ACTOS DE CAMPAÑA

Se consideran actos de campaña todos aquellos cuya finalidad sea promover, publicitar o apoyar una candidatura, siempre y cuando se realicen durante el periodo establecido para la campaña electoral.

Anteriormente el artículo 228 del Código Federal de Instituciones y Procedimientos Electorales establecía como actos de campaña a las reuniones públicas, asambleas, marchas y en general aquellos en que los candidatos o voceros de los partidos políticos se dirigen al electorado para promover sus candidaturas. En las recientes reformas en materia electoral, esta definición es conservada de manera idéntica en el Libro Quinto, denominado De los Procesos Electorales, Título Segundo, que regula los Actos Preparatorios de la Elección Federal, Capítulo IV, de las Campañas Electorales, artículo 242, segundo párrafo, de la nueva Ley General de Instituciones y Procedimientos Electorales, además de constituir ahora también un derecho de los recientemente regulados, candidatos independientes (*Ver campaña electoral*).

ACTOS ANTICIPADO DE CAMPAÑA

Los actos anticipados de campaña se refieren a todos aquellos cuya finalidad sea promover, publicitar o apoyar una candidatura, realizados antes de la fecha de inicio de la campaña electoral.

Con anterioridad a la reciente reforma electoral, el Código Federal de Instituciones y Procedimientos Electorales no ofrecía alguna definición que describiera a los actos anticipados de campaña, aun cuando en su artículo 344 establecía que su realización constituía una infracción de los candidatos a cargos de elección popular. Además el artículo 367 estipulaba que la ejecución de actos anticipados de campaña sería objeto de seguimiento a través del procedimiento especial sancionador establecido en el Libro séptimo, Título primero, de las faltas electorales y su sanción, Capítulo Cuarto del citado código, y la Secretaría del Consejo General era la encargada de instruirlo.

Actualmente la Ley General de Instituciones y Procedimientos Electorales, en su Libro Primero, Título Único, artículo 3, que contiene las definiciones, establece en su inciso a), que se entiende por acto anticipado de campaña "Los actos de expresión que se realicen bajo cualquier modalidad y en cualquier momento fuera de la etapa de campañas, que contengan llamados expresos al voto en contra o a favor de una candidatura o un partido, o expresiones solicitando cualquier tipo de apoyo para contender en el proceso electoral por alguna candidatura o para un partido".

En esta ley, igual que en el Código Federal de Instituciones y Procedimientos Electorales, se estipula, en el artículo 445, que su realización constituye una infracción de los candidatos a cargos de elección popular, pero con motivo de la incorporación de las candidaturas independientes a nuestro sistema electoral, también se les aplica a estos según lo previsto en el siguiente artículo. Otra circunstancia que también se conserva se refiere a que la comisión de actos anticipados de campaña se seguirá por medio del procedimiento especial sancionador, ahora instruido por la Secretaría Ejecutiva del Instituto, por conducto de la Unidad Técnica de lo Contencioso Electoral, según se prevé en el artículo 470 de la nueva Ley.

Además la Constitución Política de los Estados Unidos Mexicanos, en el artículo 99 establece que al Tribunal Electoral le corresponde resolver en forma definitiva e inatacable sobre los asuntos que el Instituto Nacional Electoral someta a su conocimiento por la realización de actos anticipados de precampaña o de campaña, y es quién tiene la facultad de asignar las sanciones correspondientes.

La Sala Superior del TEPJF ha sostenido en algunos precedentes y tesis, que aquellos ciudadanos que fueron seleccionados en el interior de los partidos políticos para ser postulados como candidatos a un cargo de elección popular, no pueden realizar actos de proselitismo durante el tiempo que media entre su designación por los institutos políticos y el registro formal de su candidatura ante la autoridad administrativa electoral.

Así en la tesis XVI/2004, se argumentó que la prohibición de realizar estos actos se basa en el hecho de que el valor jurídicamente tutelado es el acceso a los cargos de elección popular en condiciones de igualdad, y la realización de actos anticipados de campaña provoca desigualdad en la contienda por un mismo cargo de elección popular, ya que si un partido político inicia la difusión de sus candidatos antes del plazo legalmente señalado, tiene la oportunidad de influir por mayor tiempo en el ánimo y decisión de los ciudadanos electores, en detrimento de los demás candidatos, lo que no sucedería si todos los partidos políticos inician sus campañas electorales en la misma fecha legalmente prevista.

El Instituto Federal Electoral mediante su Acuerdo del Consejo General del Instituto Federal Electoral por el que se emiten normas reglamentarias sobre actos de precampaña, así como de actos anticipados de campaña" (CG38/2009), de 29 de enero de 2009, publicado en el Diario Oficial de la Federación el día 30 del mismo mes y año, definió a los actos anticipados de campaña como aquellos que se llevan a cabo por precandidatos, precandidatos electos o postulados, partidos políticos, coaliciones o agrupaciones políticas nacionales, o cualquier otra que promueva el voto o tenga mensajes alusivos al proceso electoral federal, que haga referencia a precandidatos, o al proceso electoral a partir del día siguiente a aquél que un partido político o coalición haya fijado como fecha límite de su proselitismo, y hasta la fecha de inicio de las campañas.

AGRUPACIÓN POLÍTICA NACIONAL

Se denomina agrupación política nacional al conjunto de ciudadanos, que en ejercicio de su derecho de asociación previsto por los artículos 9 y 35, fracción III, de la Constitución Política de los Estados Unidos Mexicanos, se encuentran debidamente registrados como tal, y cuyo objeto consiste en participar activamente en la democracia del país.

La incorporación a la legislación mexicana de la figura de agrupación política nacional se debe a la reforma electoral de 1996, en la que se definió a las agrupaciones políticas nacionales como formas de asociación ciudadana que coadyuvan al desarrollo de la vida democrática y de la cultura política, así como a la creación de una opinión pública mejor informada.

El Código Federal de Instituciones y Procedimientos Electorales conservaba la definición de la reforma de 1996, y regulaba a las agrupaciones políticas nacionales en su Libro segundo, Título Segundo, Capítulo Segundo, artículos 33, 34 y 35. Establecía que las agrupaciones políticas nacionales no podían utilizar bajo ninguna circunstancia las denominaciones de "partido" o "partido político", y que sólo podrán participar en procesos electorales federales mediante acuerdos de participación con un partido político o coalición.

En lo referente a los requisitos para la constitución de una agrupación política nacional, el citado Código prescribía como tales: contar con un mínimo de 5,000 asociados en el país; contar con un órgano directivo de carácter nacional; tener delegaciones en cuando menos siete entidades federativas; contar con documentos básicos (declaración de principios, programa de acción y estatutos), y tener una denominación distinta a cualquier otra agrupación o partido.

Con las reformas en materia político-electoral de este año, las agrupaciones políticas nacionales encuentran su sustento en el Título Segundo, Capítulo II de la Ley General de Partidos Políticos. En el artículo 20 se establece la definición que ya señalamos, además de conservar en los mismos términos que el hoy abrogado Código Federal de Instituciones y Procedimientos Electorales las disposiciones relativas a su constitución.

Hasta 2013 un total de ochenta y siete agrupaciones políticas nacionales contaban con registro vigente.

Directorio de agrupaciones políticas nacionales vigentes. Disponible en: http://www.ife.org.mx/docs/IFE-v2/DEPPP/DEPPP-APNs/APNs-directorio-agrupaciones/directorio-agrupaciones.pdf

Instituto Federal Electoral http://www.ife.org.mx/portal/site/ifev2/Agrupaciones_Politicas_Nacionales/

Anselmo Flores Andrade, Democracia y dinero. Partidos nuevos y asociaciones políticas nacionales en México, REFLEXIÓN POLÍTICA AÑO 7 Nº 13 JUNIO DE 2005 ISSN 0124-0781 IEP - UNAB (COLOMBIA). Disponible en http://www.redalyc.org/pdf/110/11001311.pdf

MANUAL IFE Proceso electoral federal (guardado)

B

BOLETA DE VOTACIÓN

En México como boleta de votación se debe identificar al elemento físico (generalmente de papel), en el cual se muestran las opciones de candidatos y partidos que existe en la elección en turno, y mediante el cual el ciudadano ejerce su derecho al voto. Es un documento público emitido por la autoridad electoral imprescindible en la jornada electoral e importante para realizar el escrutinio electoral.

El artículo 252 del Código Federal de Instituciones y Procedimientos Electorales establecía que el Consejo General del Instituto Federal Electoral aprobaría el modelo de boleta electoral que se utilizado para cada elección tomando en cuenta las medidas de seguridad y certeza que estimara pertinentes. Esta disposición es la misma en el Libro Quinto, Título Segundo Capítulo VII, de la Documentación y el Material Electoral, artículo 266, de la recientemente publicada Ley General de Instituciones y Procedimientos Electorales, con única diferencia de que ahora corresponde al Instituto Nacional Electoral.

El mismo artículo establece el contenido que deberán tener las boletas para la elección de Presidente de los Estados Unidos Mexicanos, senadores y diputados, los cuales son: a) Entidad, distrito, número de la circunscripción plurinominal, municipio o delegación; b) Cargo para el que se postula al candidato o candidatos; c) Emblema a color de cada uno de los partidos políticos nacionales que participan con candidatos propios, o en coalición, en la elección de que se trate; d) Las boletas estarán adheridas a un talón con folio, del cual serán desprendibles. La información que contendrá este talón será la relativa a la entidad federativa, distrito electoral y elección que corresponda. El número de folio será progresivo; e) Apellido paterno, apellido materno y nombre completo del candidato o candidatos; f) En el caso de diputados por mayoría relativa y representación proporcional, un solo espacio por cada partido político para comprender la fórmula de candidatos y la lista regional; g) En el caso de la elección de senadores por mayoría relativa y representación proporcional, un solo espacio para comprender la lista de las dos fórmulas de propietarios y suplentes postuladas por cada partido político y la lista nacional; h) En el caso de la elección de Presidente de los Estados Unidos Mexicanos, un solo espacio para cada partido y candidato; i) Las firmas impresas del Presidente del Consejo General y del Secretario Ejecutivo del Instituto; j) Espacio para candidatos o fórmulas no registradas, y k) Espacio para Candidatos Independientes.

El artículo 268 de la referida Ley establece que las boletas deben obrar en poder de los consejos distritales 15 días antes de la elección, y el artículo 267 prevé que no pueden realizarse modificaciones a las boletas en caso de cancelación del registro, o sustitución de uno o más candidatos, si éstas ya estuvieran impresas. En todo caso, los votos cuentan para los partidos políticos y los candidatos que estuviesen legalmente registrados.

La boleta electoral o de votación, tiene distintas denominaciones como: tarjeta o tarjetón electoral en el caso de Colombia; boletín de voto en Paraguay; papeleta o tiquete de votación, como se le conoce en Guatemala, El Salvador, y Panamá; además puede presentar características diversas en cada país.

C

CALIFICACIÓN DE LAS ELECCIONES

La calificación de las elecciones se refiere a la declaración de validez que hace la autoridad competente respecto a una elección. En la Constitución Política de los Estados Unidos Mexicanos la figura se prevé en los artículos 60 y 99.

El artículo 60 de la Carta Magna establece que el recientemente creado, Instituto Nacional Electoral, declarará la validez de las elecciones de diputados y senadores en cada uno de los distritos electorales uninominales y en cada una de las entidades federativas, además otorgará las constancias respectivas a las fórmulas de candidatos que hubiesen obtenido mayoría de votos y hará la asignación de senadores de primera minoría. Asimismo, hará la declaración de validez y la asignación de diputados según el principio de representación proporcional. Las determinaciones sobre la declaración de validez, el otorgamiento de las constancias y la asignación de diputados o senadores podrán ser impugnadas ante las salas regionales del Tribunal Electoral del Poder Judicial de la Federación.

En la nueva Ley General de Instituciones y Procedimientos Electorales la atribución de realizar la declaración de validez, a cargo del Instituto Nacional Electoral esta prescrita en el artículo 32, inciso b), fracción VII.

Por su parte el artículo 99 constitucional, se refiere a la declaratoria de validez para el Presidente de los Estados Unidos Mexicanos. Se faculta para realizar la declaración de validez de la elección y la de Presidente Electo, a la Sala Superior del Tribunal Electoral del Poder Judicial de la Federación, previa resolución de las impugnaciones interpuestas (las cuales deberá de resolver, en una sola instancia y en forma definitiva e inatacable) sobre la elección y realizado el cómputo final.

La Ley Orgánica del Poder Judicial de la Federación establece en su artículo 186, fracción II, que una vez que la Sala Superior del Tribunal Electoral formuló la declaración de validez de la elección y la de Presidente Electo, se debe notificar a la Mesa Directiva de la Cámara de Diputados, a efecto de que esta expida y publique de inmediato el Bando Solemne a que se refiere la fracción I del artículo 74 de la Constitución Política de los Estados Unidos Mexicanos. Además esta Ley prevé en su artículo 187 que para hacer la declaración de validez y de Presidente Electo de los

Estados Unidos Mexicanos, o para declarar la nulidad de tal elección, la Sala Superior deberá sesionar con la presencia de por lo menos seis de sus siete integrantes.

Barquín Álvarez, Manuel, La calificación de las elecciones en México. Disponible en: http://biblio.juridicas.unam.mx/libros/1/207/6.pdf

CAMPAÑA ELECTORAL

Como campaña electoral debemos entender al conjunto de actividades lícitas que se realizan en un periodo de tiempo determinado, que llevan a cabo los candidatos y partidos políticos contendientes, y cuya finalidad última es la obtención de votos en su favor. Las normas que regulen estas actividades deben garantizar la certeza, legalidad, objetividad, igualdad y transparencia del proceso electoral.

El capítulo tercero del abrogado Código Federal de Instituciones y Procedimientos Electorales, se dedicaba a establecer las directrices que se deberán seguir en las campañas electorales. En su artículo 228, definía como campaña electoral, al conjunto de actividades llevadas a cabo por los partidos políticos nacionales, las coaliciones y los candidatos registrados para la obtención del voto.

Según lo establecido en el artículo 237 del mencionado Código, su duración era de noventa días, las campañas electorales para la elección del Presidente de la República, Senadores y Diputados. Las campañas electorales para Diputados, en el año en que solamente se renueve la Cámara respectiva, tendrán una duración de sesenta días. Además señala que las campañas electorales de los partidos políticos se iniciarán a partir del día siguiente al de la sesión de registro de candidaturas para la elección respectiva, debiendo concluir tres días antes de celebrarse la jornada electoral.

La nueva Ley General de Instituciones y Procedimientos Electorales, retomó de manera idéntica tanto la definición, como las disposiciones relativas a la duración de las campañas electorales, ya señaladas, en sus artículos 241 y 251, respectivamente.

La Sala superior del Tribunal Electoral del Poder Judicial de la Federación, en su *Dictamen relativo al cómputo final de la elección de Presidente de los Estados Unidos Mexicanos, declaración de validez de la elección y de presidente electo, de* 6 de septiembre de 2006, ha valorado a las campañas electorales como una de las fases de mayor relevancia en la etapa de preparación del proceso electoral, pues constituyen la actividad más intensa en la relación de comunicación entre las organizaciones partidistas y los ciudadanos, ya que mediante ellas se proporcionan a los electores los elementos necesarios para la emisión de un voto informado, con conocimiento de los programas de gobierno. El tribunal sostiene que las campañas electorales son el instrumento por el cual los partidos políticos tratan de persuadir al electorado para que elija, precisamente, la opción que ellos presentan.

Dictamen relativo al cómputo final de la elección de Presidente de los Estados Unidos Mexicanos, declaración de validez de la elección y de presidente electo. 6 de septiembre de 2006. Disponible en: http://www.te.gob.mx/documentacion/publicaciones/informes/dictamen.pdf

CANDIDATO

La palabra candidato, deriva del latín *candidatus,* en alusión al color de la vestimenta que en la antigua Roma debían usar quienes aspiraban a los cargos públicos. Según el diccionario de la Real Academia Española, significa: 1. Persona que pretende alguna dignidad, honor o cargo, y 2. Persona propuesta o indicada para una dignidad o un cargo, aunque no lo solicite.

En el derecho electoral es la persona que, cumpliendo con los requisitos legales, contiende por un cargo de elección popular, por lo cual tiene derecho al sufragio pasivo, es decir, a ser votado.

La Enciclopedia Jurídica Latinoamericana del Instituto de Investigaciones Jurídicas, sobre candidatura electoral, señala lo siguiente: "La candidatura electoral puede definirse, en un sentido amplio, como la postulación que, de manera individual o colectiva, se hace de un aspirante a un cargo designado mediante una elección. Desde este punto de vista genérico, la idea de candidatura electoral no es una figura necesariamente ligada a los procesos de elección popular propios de los sistemas democráticos representativos, sino que puede presentarse en todos aquellos casos en los que existe un cargo cuyo titular es designado mediante un proceso colectivo. No obstante, es claro que en los sistemas democráticos representativos en donde la idea de las candidaturas electorales adquiere un pleno significado. En un sentido estricto, podemos afirmar que las candidaturas electorales son una figura esencial de los procedimientos democráticos. En efecto, en aquellos sistemas políticos en donde los titulares de los cargos representativos del Estado son designados mediante elecciones abiertas a un número amplio de ciudadanos que tienen igual derecho de voto, la postulación de candidaturas representa el punto de partida de toda la contienda electoral. Las candidaturas electorales, son pues, la manera en la que un aspirante a un cargo público se presenta, a la luz de un programa político, ante la ciudadanía para conseguir su aprobación y apoyo electoral. Así las candidaturas adquieren su pleno significado en la medida en la que sean entendidas como mecanismos para agregar consensos en torno a la figura de un aspirante a un cargo de elección popular bajo la promesa de cumplir un determinado programa político que lo distingue e identifica".

En el proceso electoral los candidatos son un aspecto fundamental, la Ley General de Instituciones y Procedimientos Electorales, establece en el artículo 226 que los procesos internos para la selección de candidatos a cargos de elección popular son el conjunto de actividades que realizan los partidos políticos y los aspirantes a dichos cargos, de conformidad con lo establecido en esta Ley, en los Estatutos, reglamentos, acuerdos y demás disposiciones de carácter general que aprueben los órganos de dirección de cada partido político.

Por lo que se refiere al registro de candidatos a ley en cita establece que los partidos políticos nacionales tienen el derecho de solicitar el registro de candidatos a cargos de elección popular, sin perjuicio de las candidaturas independientes, según lo establecido en el artículo 232.

Los plazos y órganos competentes para el registro de las candidaturas en el año de la elección, se prevén en el artículo 237, que estipula lo siguiente: a) En el año de la elección en que se renueven el titular del Poder Ejecutivo Federal y las dos Cámaras del Congreso de la Unión, los candidatos serán registrados entre el 15 al 22 de febrero, por los siguientes órganos: I. Los candidatos a diputados de mayoría relativa, por los consejos distritales; II. Los candidatos a diputados electos por el principio de representación proporcional, por el Consejo General; III. Los candidatos a senadores electos por el principio de mayoría relativa, por los consejos locales correspondientes; IV. Los candidatos a senadores electos por el principio de representación proporcional, por el Consejo General, y V. Los candidatos a Presidente de los Estados Unidos Mexicanos, por el Consejo General, órgano que, supletoriamente, podrá registrar las candidaturas de diputados y senadores de mayoría relativa; b) En el año de la elección en que solamente se renueve la Cámara de Diputados, los candidatos por ambos principios serán registrados entre el 22 al 29 de marzo, por los consejos distritales y el Consejo General.

El mismo artículo señala que el Consejo General del Instituto Nacional Electoral podrá realizar ajustes a los plazos establecidos a fin de garantizar los plazos de registro y que la duración de las campañas electorales se ciña a lo establecido.

Enciclopedia Jurídica Latinoamericana. Instituto de Investigaciones Jurídicas. Tomo II. Letra C. UNAM. Editorial Porrúa. México, 2006, págs. 52 y 53.

CANDIDATURA INDEPENDIENTE

Se considera que la regulación de las candidaturas independientes en la legislación de nuestro estado mexicano, existe desde el surgimiento de este en el siglo XIX. Más adelante, en los años posteriores a la revolución mexicana, se hizo presente la figura a nivel federal, en la Ley Electoral del 19 de diciembre de 1911, en la cual, por primera vez, se les denomino "candidatos independientes" (artículos 12 y 22 de la Ley Electoral de 1911).

Posteriormente, se hace referencia a los candidatos independientes tanto en la Ley Electoral para la Formación del Congreso Constituyente de 1916, como en la Ley Electoral de 1917, en las que esta leyes indicaban que los ciudadanos, partidos políticos y candidatos independientes podían solicitar impugnaciones en relación con el padrón (Ley Electoral 1916, artículo 7; Ley Electoral 1917, artículo 8), en la instalación de la casilla (Ley Electoral 1916, artículo 12; Ley Electoral 1917, artículo 13) o durante la elección (Ley Electoral 1916, artículo 32; Ley Electoral de 1917, artículo 61).

Particularmente se considera que la posibilidad de que existieran candidatos independientes en México, fue incorporada en la Ley para la Elección de Poderes Federales del 2 de julio de 1918 y su reforma del 4 de enero de 1943, en virtud de que en ella se consagraba la igualdad entre los candidatos no dependientes y los candidatos postulados por partidos políticos registrados.

En 1976 se realizó la modificación a la legislación federal, lo que implico el surgimiento de la Ley Electoral Federal, reglamentaria de los artículos 36, fracción I, parte final, 60, 74, fracción I, y 97, en su parte conducente de la Constitución Política de los Estados Unidos Mexicanos, con esta Ley se cerró la posibilidad de que existieran candidatos independientes en nuestro país, al establecer, en su artículo 60, que sólo era posible registrar candidatos a través de los partidos políticos.

A lo largo de los 35 años que la legislación regulo las candidaturas independientes, se establecieron igualdad de facultades a candidatos independientes y candidatos partidistas, se otorgaron ciertas prerrogativas para ambos tipos de candidaturas; no obstante los candidatos que eran respaldados por algún partido político fueron ganando mayores adeptos y espacios frente a los candidatos individuales.

La imposibilidad de que existieran candidatos independientes se mantuvo en las siguientes leyes y códigos electorales, incluso en el recién abrogado Código Federal de Instituciones y Procedimientos Electorales de 14 de enero de 2008, que en su artículo 218 establecía que correspondía exclusivamente a los partidos políticos nacionales el derecho de solicitar el registro de candidatos a cargos de elección popular.

Constitucionalmente en el año 2007 con la reforma en materia electoral se incorporó tal disposición en el artículo 116, fracción IV, inciso e) y se aseguró que los congresos locales establecieran dicha exclusividad en su legislación, de este modo, se señaló que las constituciones y leyes estatales debían garantizar el derecho exclusivo a los partidos políticos de registrar candidaturas.

Actualmente las candidaturas independientes tienen existencia a nivel Constitucional a raíz de la reforma del 09 de agosto de 2012, en la cual la redacción de la fracción II del artículo 35 de la Constitución Política de los Estados Unidos Mexicanos quedo de la siguiente manera:

> **Artículo 35.** Son derechos del ciudadano:
> **II.** Poder ser votado para todos los cargos de elección popular, teniendo las calidades que establezca la ley. El derecho de solicitar el registro de candidatos ante la autoridad electoral corresponde a los partidos políticos así como a los ciudadanos que soliciten su registro de manera independiente y cumplan con los requisitos, condiciones y términos que determine la legislación;

Es necesario mencionar que el hoy abrogado Código Federal de Instituciones y Procedimientos Electorales no estaba acorde a la Constitución, aun cuando la reforma de 9 de agosto de 2012 prevenía en sus artículos transitorios que el Congreso de la Unión debería expedir la legislación para hacer cumplir lo dispuesto en el decreto de reformas, a más tardar en un año contando a partir de la entrada en vigor del mismo (artículo segundo transitorio) y que los Congresos de los Estados y la Asamblea Legislativa del Distrito Federal, deberían realizar las adecuaciones necesarias a su legislación secundaria, derivadas del decreto en un plazo no mayor a un año, contado a partir de su entrada en vigor (artículo tercero transitorio).

Paso más de un año para que la legislación en materia electoral se adecuara a lo establecido en la constitución desde agosto de 2012, fue así como con la recién reforma y expedición de las nuevas leyes electorales, actualmente se regula la figura de candidatos independientes en México.

Así, la nueva Ley General de Instituciones y Procedimientos Electorales, regula a los candidatos independientes, dando inicialmente en su artículo 3 la definición de candidato independiente, en la que establece que es el ciudadano que obtenga por parte de la autoridad electoral el acuerdo de registro, habiendo cumplido los requisitos que para tal efecto establece esta Ley. Además, el artículo 7 menciona que "Es derecho de los ciudadanos ser votado para todos los puestos de elección popular, teniendo las calidades que establece la ley de la materia y solicitar su registro de manera independiente, cuando cumplan los requisitos, condiciones y términos que determine esta Ley".

La ley en cita dedica el Libro Séptimo a regular la figura de las candidaturas independientes. En el Título Primero establece que el objeto es regular las candidaturas independientes para Presidente de los Estados Unidos Mexicanos, diputados y senadores del Congreso de la Unión por el principio de mayoría relativa (el artículo 362 reitera que no procederá en ningún caso, el registro de aspirantes a Candidatos Independientes por el principio de representación proporcional) Respecto a los cargos de elección popular en las entidades federativas, están deberán emitir la normatividad correspondiente.

Según el artículo 360, la organización y desarrollo de la elección de candidaturas independientes será responsabilidad de las direcciones ejecutivas y unidades técnicas del Instituto en el ámbito central; en lo concerniente a los órganos desconcentrados, serán competentes los consejos y juntas ejecutivas locales y distritales que correspondan. Por su parte el artículo 362 establece lo siguiente:

> **1.** Los ciudadanos que cumplan con los requisitos, condiciones y términos tendrán derecho a participar y, en su caso, a ser registrados como Candidatos Independientes para ocupar los siguientes cargos de elección popular:
>
> **a)** Presidente de los Estados Unidos Mexicanos, y
>
> **b)** Diputados y Senadores del Congreso de la Unión por el principio de mayoría relativa. No procederá en ningún caso, el registro de aspirantes a Candidatos Independientes por el principio de representación proporcional.

El proceso de selección de candidatos independientes es regulado en el título segundo del libro séptimo de la ley en cita. En el artículo 366 se fijan las etapas que comprende este proceso, que a saber son:

a) Convocatoria;

b) Actos previos al registro de Candidatos Independientes;

c) Obtención del apoyo ciudadano, y

d) Registro de Candidatos Independientes.

La convocatoria es regulada por capítulo I, conformado por el artículo 367, en el cual se faculta al Consejo General para emitir la Convocatoria que se debe dirigir a los ciudadanos interesados en postularse como Candidatos Independientes. Esta convocatoria debe señalar los cargos de elección popular a los que pueden aspirar, los requisitos que deben cumplir, la documentación comprobatoria requerida, los plazos para recabar el apoyo ciudadano correspondiente, los topes de gastos que pueden erogar y los formatos para ello. El Instituto Nacional Electoral debe dar amplia difusión a la Convocatoria.

Para regular los actos previos al registro de Candidatos Independientes, se destina el capítulo II, con su artículo 368, que prevé lo siguiente que los ciudadanos que pretendan postular su candidatura independiente a un cargo de elección popular deberán hacerlo del conocimiento del INE por escrito. Con esta manifestación de intención, deberá presentar la documentación que acredite la creación de la persona moral constituida en Asociación Civil, la cual deberá tener el mismo tratamiento que un partido político en el régimen fiscal. El Instituto establecerá el modelo único de estatutos de la asociación civil. De la misma manera deberá acreditar su alta ante el Sistema de Administración Tributaria y anexar los datos de la cuenta bancaria aperturada a nombre de la persona moral para recibir el financiamiento público y privado correspondiente.

Además que durante los procesos electorales federales en que se renueven el titular del Poder Ejecutivo Federal y las dos Cámaras del Congreso de la Unión, o cuando se renueve solamente la Cámara de Diputados, la manifestación de la intención se realizará a partir del día siguiente al en que se emita la Convocatoria y hasta que dé inicio el periodo para recabar el apoyo ciudadano correspondiente, conforme a las siguientes reglas:

- Los aspirantes al cargo de Presidente de los Estados Unidos Mexicanos, ante el Secretario Ejecutivo del Instituto;
- Los aspirantes al cargo de Senador por el principio de mayoría relativa, ante el Vocal Ejecutivo de la Junta Local correspondiente, y
- Los aspirantes al cargo de Diputado por el principio de mayoría relativa, ante el vocal ejecutivo de la junta distrital correspondiente.

Una vez que los ciudadanos han dado a conocer por escrito al INE que pretenden postular su candidatura independiente, y recibida la constancia respectiva, los ciudadanos adquirirán la calidad de aspirantes.

Lo referente a la tercera etapa está previsto en el Capítulo II, que va del artículo 369 al 378. El artículo 369 establece que a partir del día siguiente de la fecha en que obtengan la calidad de aspirantes, éstos podrán realizar actos tendentes a recabar el porcentaje de apoyo ciudadano requerido por medios diversos a la radio y la televisión, siempre que los mismos no constituyan actos anticipados de campaña. Además el siguiente artículo menciona qué se entiende por actos tendentes a recabar el apoyo ciudadano y señala que son "el conjunto de reuniones públicas, asambleas, marchas y todas aquellas actividades dirigidas a la ciudadanía en general, que realizan los aspirantes con el objeto de obtener el apoyo ciudadano para satisfacer el requisito en los términos de esta Ley".

El artículo 371 establece lo relativo a la cédula de respaldo, tanto de lo relativo a la candidatura de Presidente de los Estados Unidos Mexicanos, como de diputados y senadores de mayoría relativa. El artículo 372 establece que los aspirantes no podrán realizar actos anticipados de campaña por ningún medio, y que su realización se sancionará con la negativa de registro como Candidato Independiente. Además prohíbe, la contratación de propaganda o cualquier otra forma de promoción personal en radio y televisión, de realizarlos sancionará con la negativa de registro como Candidato Independiente o con la cancelación de dicho registro. Los artículos subsecuentes se refieren a normas sobre los ingresos y egresos de los aspirantes.

El capítulo IV está dedicado a los derechos y obligaciones de los aspirantes a candidatos independientes, en los artículos 379 y 380, respectivamente. Los derechos que se mencionan son:

- Solicitar a los órganos electorales, dependiendo del tipo de elección, su registro como aspirante;
- Realizar actos para promover sus ideas y propuestas con el fin de obtener el apoyo ciudadano para el cargo al que desea aspirar;
- Utilizar financiamiento privado para el desarrollo de sus actividades, en términos de la Ley;
- Nombrar a un representante para asistir a las sesiones de los Consejos General, locales y distritales, sin derecho a voz ni voto;
- Insertar en su propaganda la leyenda "aspirante a Candidato Independiente", y
- Los demás establecidos por la Ley.

Por lo que respecta a las obligaciones estas son:

- Conducirse con respeto irrestricto a lo dispuesto en la Constitución y en la Ley;
- No aceptar ni utilizar recursos de procedencia ilícita para realizar actos tendentes a obtener el apoyo ciudadano;
- Abstenerse de recibir aportaciones y donaciones en efectivo, así como metales y piedras preciosas de cualquier persona física o moral;
- Rechazar toda clase de apoyo económico, político o propagandístico proveniente de extranjeros o de ministros de culto de cualquier religión, así como de las asociaciones y organizaciones religiosas e iglesias. Tampoco podrán aceptar aportaciones o donativos, en dinero o en especie, por sí o por interpósita persona y bajo ninguna circunstancia de:

- Los poderes Ejecutivo, Legislativo y Judicial de la Federación y de las entidades federativas, y los ayuntamientos, salvo en el caso del financiamiento público establecido en la Constitución y esta Ley;
- Las dependencias, entidades u organismos de la Administración Pública Federal, estatal o municipal, centralizada o paraestatal, y los órganos de gobierno del Distrito Federal;
- Los organismos autónomos federales, estatales y del Distrito Federal;
- Los partidos políticos, personas físicas o morales extranjeras;
- Los organismos internacionales de cualquier naturaleza;
- Las personas morales, y
- Las personas que vivan o trabajen en el extranjero.

• Abstenerse de realizar por sí o por interpósita persona, actos de presión o coacción para obtener el apoyo ciudadano;
• Abstenerse de proferir ofensas, difamación, calumnia o cualquier expresión que denigre a otros aspirantes o precandidatos, partidos políticos, personas, instituciones públicas o privadas;
• Rendir el informe de ingresos y egresos;
• Respetar los topes de gastos fijados para obtener el apoyo ciudadano, en los términos que establece la Ley, y
• Las demás establecidas por la Ley.

La última etapa del proceso de selección de candidatos independientes, que se refiere al registro, se regula en el capítulo V. La sección primera, conformada por el artículo 381 establece los requisitos de elegibilidad, menciona que los ciudadanos que aspiren a participar como Candidatos Independientes en las elecciones federales de que se trate, deberán satisfacer, además de los requisitos señalados por la Constitución (artículo 82 para Presidente de los Estados Unidos Mexicanos; 55 para diputados; y 58 para senadores), los señalados en el artículo 10 de la Ley que estamos citando *(Ver requisitos de elegibilidad)*.

La sección segunda regula la solicitud de registro, en la cual el artículo 383 prevé que los ciudadanos que aspiren a participar como Candidatos Independientes a un cargo de elección popular deberán:

a) Presentar su solicitud por escrito;

b) La solicitud de registro deberá contener:

I. Apellido paterno, apellido materno, nombre completo y firma o, en su caso, huella dactilar del solicitante;

II. Lugar y fecha de nacimiento del solicitante;

III. Domicilio del solicitante y tiempo de residencia en el mismo;

IV. Ocupación del solicitante;

V. Clave de la credencial para votar del solicitante;

VI. Cargo para el que se pretenda postular el solicitante;

VII. Designación del representante legal y domicilio para oír y recibir notificaciones, y

VIII. Designación de la persona encargada del manejo de los recursos financieros y de la rendición de informes correspondientes.

c) La solicitud deberá acompañarse de la siguiente documentación:

I. Formato en el que manifieste su voluntad de ser Candidato Independiente;

II. Copia del acta de nacimiento y del anverso y reverso de la credencial para votar vigente;

III. La plataforma electoral que contenga las principales propuestas que el Candidato Independiente sostendrá en la campaña electoral;

IV. Los datos de identificación de la cuenta bancaria aperturada para el manejo de los recursos de la candidatura independiente;

V. Los informes de gastos y egresos de los actos tendentes a obtener el apoyo ciudadano;

VI. La cédula de respaldo que contenga el nombre, firma y clave de elector o el número identificador al reverso de la credencial de elector derivado del reconocimiento óptico de caracteres (OCR) de la credencial para votar con fotografía vigente de cada uno de los ciudadanos que manifiestan el apoyo en el porcentaje requerido en los términos de Ley;

VII. Manifestación por escrito, bajo protesta de decir verdad, de:

1) No aceptar recursos de procedencia ilícita para campañas y actos para obtener el apoyo ciudadano;

2) No ser presidente del comité ejecutivo nacional, estatal, municipal, dirigente, militante, afiliado o su equivalente, de un partido político, conforme a lo establecido en esta Ley, y

3) No tener ningún otro impedimento de tipo legal para contender como Candidato Independiente.

VIII. Escrito en el que manifieste su conformidad para que todos los ingresos y egresos de la cuenta bancaria aperturada sean fiscalizados, en cualquier momento, por el Instituto.

Una vez que se recibe la solicitud de registro de candidatura independiente por el presidente o secretario del consejo que corresponda, se verificará dentro de los tres días siguientes que se cumplió con todos los requisitos señalados, con excepción de lo relativo al apoyo ciudadano. El artículo 384 menciona que si se advierte que se omitió el cumplimiento de uno o varios requisitos, se notificará de inmediato al solicitante o a su representante, para que dentro de las 48 horas siguientes subsane el o los requisitos omitidos, siempre y cuando esto pueda realizarse dentro de los plazos que señala la Ley. En caso de no subsanar los requisitos omitidos o si se advierte que la solicitud se realizó en forma extemporánea, se tendrá por no presentada.

Según se prevé en el siguiente artículo una vez que se cumplan los demás requisitos, la Dirección Ejecutiva del Registro Federal de Electores del Instituto procederá a verificar que se haya reunido el porcentaje de apoyo ciudadano que corresponda según la elección de que se trate, constatando que los ciudadanos aparecen en la lista nominal de electores. Además establece los casos en que no se computarán las firmas. Si el porcentaje requerido no se reúne la solicitud se tendrá por no presentada, esto se señala en el artículo 386.

HERNÁNDEZ OLMOS, Mariana, La importancia de las candidaturas independientes, Tribunal Electoral del Poder Judicial de la Federación, 2011.

VÁZQUEZ GASPAR, Beatriz, Panorama general de las candidaturas independientes. Disponible en: http://contorno.org.mx/contorno/resources/media/pdf/BVG_Candidaturas_Independientes_Junio_09.pdf

GONZÁLEZ ALEGRÍA, Gabriel, Candidaturas Independientes. Disponible en: http://www.sociedaddelhonorjudicial.org/pdfs/CANDIDATURAS_INDEPENDIENTES.pdf

GONZÁLEZ OROPEZA, Manuel, "Candidaturas Independientes", Sufragio, Revista Especializada en Derecho Electoral, México, 3ra Época, 2010, núm. 4, diciembre 2009 - mayo 2010, p. 46.

CÁRDENAS, Jaime, "Elecciones 2012, en busca de equidad y legalidad", en Ackerman, John Mil (coord.), Elecciones 2012: en busca de equidad y legalidad, México, UNAM, IIJ, Cámara de Senadores, 2011, p. 30.

MORENO TRUJILLO, Rodrigo, "Reflexiones sobre sentencias relevantes en la justicia electoral en México", Sufragio, Revista Especializada en Derecho Electoral, México, 3ra Época, 2011, núm. 6, diciembre 2010 - mayo 2011, p. 58.

CARGO DE ELECCIÓN POPULAR

Se denomina cargo de elección popular a las funciones públicas en las que los titulares son elegidos por la población, a través de una elección. Los cargos de elección popular para ejercer funciones del poder ejecutivo son: Presidente de la República, gobernadores, presidentes municipales y jefes delegacionales. En el caso del poder legislativo son: diputados locales y federales, así como senadores de la República.

La Constitución Política de los Estados Unidos Mexicanos establece que es uno de los derechos del ciudadano ser votado para todos los cargos de elección popular, cumpliendo con los requisitos establecidos.

Por ello, se refiere al derecho y obligación ciudadana para desempeñar un puesto en alguno de los poderes de los tres órdenes de gobierno del Estado, con derecho a retribución monetaria, siempre que se tengan las calidades que establezca la ley y no se ejerzan a la vez dos cargos federales de elección popular ni uno de la Federación y otro de una entidad federativa que sean también de elección.

Los cargos en el ámbito de la administración pública en México son: regidores, síndicos y presidente municipal, gobernador o presidente de la República. En el ámbito legislativo son: diputados locales y federales, así como senadores de la República.

Todo cargo de elección popular es temporal para evitar que las personas detenten indefinidamente un puesto público y para posibilitar, por otro lado, hacer posible el acceso de los ciudadanos al poder público. Asimismo, presupone que sea obtenido por mayoría de sufragios emitidos o por criterio de representación proporcional, en el caso de una parte de los diputados federales y/o locales y senadores, y siempre que se cumplan los requisitos legales para participar en elecciones generales.

CASILLA ELECTORAL

La casilla electoral es el lugar físico en donde se recibe la votación de los electores el día de la jornada electoral. La ubicación de las casillas y la designación de los funcionarios de sus mesas directivas, para los procesos electorales federales y locales, es una atribución del Instituto Nacional Electoral.

Los tipos de casillas electorales son las siguientes: Básica, se instalan en secciones que tienen un número no mayor a 750 electores. Contigua, Cuando el número de electores de la sección es superior a 750, éstas se instalan; Extraordinaria, atienden a residentes de una sección, que por condiciones de vías de comunicación o socio culturales, tengan difícil acceso; y Especial, Se instalan para que los electores fuera de la sección correspondiente a su domicilio puedan votar.

Las casillas aprobadas, instaladas y no instaladas en los procesos electorales que ha organizado el Instituto Federal Electoral, durante las últimas ocho elecciones fueron las siguientes:

Año de Elección	Casillas aprobadas	Casillas instaladas	Casillas no instaladas
2012	143132	143130	2
2009	139181	139140	41
2006	130488	130477	11
2003	121367	121284	83
2000	113423	113405	18
1997	104716	104595	121
1994	96415	96393	22
1991	88300	88136	164

Fuente: Instituto Nacional Electoral. Disponible en http://www.ine.mx/archivos3/portal/historico/contenido/Instalacion_de_casillas/

CIRCUNSCRIPCIÓN ELECTORAL

La circunscripción electoral es el área geográfica delimitada en el territorio nacional territorial en la cual los votos emitidos por los electores constituyen el fundamento para el reparto de las senadurías y diputaciones, que se eligen bajo el principio de representación proporcional.

Las cinco circunscripciones plurinominales (para la elección de diputados federales por el principio de representación proporcional), con base en los acuerdos aprobados por el Consejo General del INE han quedado conformadas de la siguiente manera:

Primera Circunscripción: Baja California, Baja California Sur, Chihuahua, Durango, Jalisco, Nayarit, Sinaloa y Sonora; con cabecera en Guadalajara, Jalisco. Abarca 60 distritos electorales federales uninominales, 351 municipios y 16 mil 929 secciones electorales.

Segunda Circunscripción: Aguascalientes, Coahuila, Guanajuato, Nuevo León, Querétaro, San Luis Potosí, Tamaulipas y Zacatecas; con cabecera en Monterrey, Nuevo León. Se integra por 62 distritos electorales federales uninominales, 323 municipios y 14 mil 648 secciones electorales.

Tercera Circunscripción: Campeche, Chiapas, Oaxaca, Quintana Roo, Tabasco, Veracruz y Yucatán, con cabecera en Xalapa, Veracruz. Integra 60 distritos electorales federales uninominales, mil 44 municipios y 13 mil 25 secciones electorales.

Cuarta Circunscripción: Ciudad de México, Guerrero, Morelos, Puebla y Tlaxcala; con cabecera en la Ciudad de México. Cubre 56 distritos electorales federales uninominales, 407 municipios y demarcaciones territoriales y 12 mil 456 secciones electorales.

Quinta Circunscripción: Colima, Hidalgo, México y Michoacán; con cabecera en Toluca, Estado de México. Incluye 62 distritos electorales federales uninominales, 332 municipios y 11 mil 306 secciones electorales.

Instituto Nacional Electoral. Disponible en: http://www.ine.mx/documentos/DERFE/Cartografia/Circunscripciones_Electorales.html

CIUDADANO

El artículo 34 de la Constitución Política de los Estados Unidos Mexicanos establece que son ciudadanos de la República los varones y mujeres que, teniendo la calidad de mexicanos, reúnan, además, tengan 18 años cumplidos y un modo honesto de vivir.

El siguiente artículo menciona los derechos del ciudadano, que a saber son:

- Votar en las elecciones populares.
- Poder ser votado para todos los cargos de elección popular, teniendo las calidades que establezca la ley. El derecho de solicitar el registro de candidatos ante la autoridad electoral corresponde a los partidos políticos así como a los ciudadanos que soliciten su registro de manera independiente y cumplan con los requisitos, condiciones y términos que determine la legislación.
- Asociarse individual y libremente para tomar parte en forma pacífica en los asuntos políticos del país.
- Tomar las armas en el Ejército o Guardia Nacional, para la defensa de la República y de sus instituciones, en los términos que prescriben las leyes.

- Ejercer en toda clase de negocios el derecho de petición.
- Poder ser nombrado para cualquier empleo o comisión del servicio público, teniendo las calidades que establezca la ley.
- Iniciar leyes, en los términos y con los requisitos que señalen esta Constitución y la Ley del Congreso. El Instituto Nacional Electoral tendrá las facultades que en esta materia le otorgue la ley.
- Votar en las consultas populares sobre temas de trascendencia nacional.

Las obligaciones del ciudadano de la República se establecen en el artículo 36, y son:

- Inscribirse en el catastro de la municipalidad, manifestando la propiedad que el mismo ciudadano tenga, la industria, profesión o trabajo de que subsista; así como también inscribirse en el Registro Nacional de Ciudadanos, en los términos que determinen las leyes.
- Alistarse en la Guardia Nacional.
- Votar en las elecciones y en las consultas populares, en los términos que señale la ley.
- Desempeñar los cargos de elección popular de la Federación o de los Estados, que en ningún caso serán gratuitos.
- Desempeñar los cargos concejiles del municipio donde resida, las funciones electorales y las de jurado.

La Carta Magna también establece que los derechos o prerrogativas de los ciudadanos se suspenden:

- Por falta de cumplimiento, sin causa justificada, de cualquiera de las obligaciones que impone el artículo 36. Esta suspensión durará un año y se impondrá además de las otras penas que por el mismo hecho señalare la ley.
- Por estar sujeto a un proceso criminal por delito que merezca pena corporal, a contar desde la fecha del auto de formal prisión.
- Durante la extinción de una pena corporal.
- Por vagancia o ebriedad consuetudinaria, declarada en los términos que prevengan las leyes.
- Por estar prófugo de la justicia, desde que se dicte la orden de aprehensión hasta que prescriba la acción penal.
- Por sentencia ejecutoria que imponga como pena esa suspensión.

Marshall, Thomas H.: Class, Citizenship and Social Development Essays. Doubleday, Garden City, 1964.

CONTENCIOSO ELECTORAL

En México muchos son los actores políticos que interactúan y se relacionan, ciudadanos, partidos políticos, agrupaciones políticas, asociaciones, con autoridades en materia electoral, como el Instituto Nacional Electoral y el Tribunal Electoral del Poder Judicial de la Federación, así como las autoridades electorales en materia local.

La interacción entre los actores políticos, puede traer como consecuencia que surja entre estos, controversias por motivos de intereses, cada parte defendiendo su propio interés y tratando de resguardarlo. En el caso de los administrados, tratando de salvaguardar su propia esfera jurídica de derechos, en tanto que la autoridad electoral, tratando de hacer valer actuación.

Por lo antes referido, los actores políticos pueden verse inmiscuidos en controversias, que pueden ser de carácter netamente administrativo y, otras, que pueden adquirir un carácter jurisdiccional, convirtiéndolo en contencioso electoral con carácter jurisdiccional.

Las controversias de carácter electoral jurisdiccional son resueltas por el Tribunal Electoral del Poder Judicial de la Federación, quien es la máxima autoridad jurisdiccional en la materia y órgano especializado y, a través de las Salas Superior y regionales, se encarga de resolver de forma definitiva e inatacable sobre los siguientes asuntos: a) Las impugnaciones en las elecciones federales de diputados y senadores; b) Las impugnaciones que se presenten sobre la elección de Presidente de los Estados Unidos Mexicanos; c) Las impugnaciones de actos y resoluciones de la autoridad electoral federal, distintas a las señaladas en las dos fracciones anteriores, que violen normas constitucionales o legales; d) Las impugnaciones de actos o resoluciones definitivos y firmes de las autoridades competentes de las entidades federativas para organizar y calificar los comicios o resolver las controversias que surjan durante los mismos, que puedan resultar determinantes para el desarrollo del proceso respectivo o el resultado final de las elecciones; e) Las impugnaciones de actos y resoluciones que violen los derechos político electorales; f) Los conflictos o diferencias laborales entre el Tribunal y sus servidores; g) Los conflictos o diferencias laborales entre el Instituto Nacional Electoral y sus servidores; h) La determinación e imposición de sanciones por parte del Instituto Nacional Electoral a partidos o agrupaciones políticas o personas físicas o morales, nacionales o extranjeras, que infrinjan las disposiciones de esta Constitución y las leyes; i) Los asuntos que el Instituto Nacional Electoral someta a su conocimiento por violaciones a lo previsto en la Base III del artículo 41 y párrafo octavo del artículo 134 de esta Constitución; a las normas sobre propaganda política y electoral, así como por la realización de actos anticipados de precampaña o de campaña, e imponer las sanciones que correspondan.

Para quien esto escribe, el contencioso electoral corresponde al conjunto de actuaciones del Instituto Nacional Electoral, y de los diversos actores políticos, encaminados a resolver una controversia o conflicto de intereses entre la autoridad electoral administrativa o jurisdiccional local electorales, ante el Tribunal Electoral del Poder Judicial de la Federación.

Las controversias en materia electoral pueden presentarse entre la autoridad administrativa electoral con los diversos actores políticos, ya que el Instituto Nacional Electoral es el encargado de la organización de las elecciones, donde puede con su actuación afectar la esfera de derechos de los gobernados, los cuales, cuentan con los instrumentos necesarios, establecidos en la Ley General del Sistema de Medios de Impugnación en materia Electoral ya referidos, para poder resguardar sus derechos vulnerados.

También el Tribunal Electoral del poder Judicial de la Federación, puede conocer de controversias entre diversos actores políticos, comúnmente se dan conflictos de interés entre los mismos partidos políticos, o algún otro actor político.

Las controversias también pueden darse en el ámbito laboral, conflicto entre trabajadores con el Instituto Nacional de Electoral o con el propio Tribunal Electoral.

Por lo antes referido, el contencioso electoral, pude darse en dos vertientes en el ámbito administrativo y, en el ámbito jurisdiccional, en el campo administrativo quien conoce es el Instituto Nacional Electoral, en tanto que en el ámbito jurisdiccional electoral quien conoce es el Tribunal Electoral del Poder Judicial de la Federación, en ambos hay conflictos de intereses, aunque el primero de trata de una autoridad netamente administrativa, en tanto que el segundo se trata de un Tribunal jurisdiccional.

CUOTA DE GENERO

Con las reformas constitucionales de 6 y 10 de junio de 2011, los derechos humanos en México encuentran su mejor expresión de hace muchas décadas, y con ellos una cuenta pendiente debe empezar a ser saldada, la desigualdad de género.

La mujer, hoy por hoy, es uno de los pilares fundamentales o quizá el más importante para la familia, importancia que no le era reconocida, ni mucho menos los derechos que le eran propios. El sistema jurídico mexicano, sigue siendo en menor medida un instrumento de desigualdad en contra de la mujer como lo fue en antaño, sin embargo, las nuevas reformas plantean nuevos horizontes, que vislumbran en un futuro no muy lejano la verdadera igualdad de género.

Diversas disposiciones se han emitido en el sistema jurídico mexicano, encaminadas a eliminar la profunda desigualdad persistente, como son: la Ley General para la Igualdad entre Mujeres y Hombres, la Ley Federal para Prevenir y Eliminar la Discriminación, la Ley General de Acceso de las Mujeres a una Vida Libre de Violencia; lo mismo ha sucedido en materia internacional, como por ejemplo la Declaración Universal de los Derechos Humanos de 1948, el Pacto Internacional de los Derechos Civiles y Políticos, la Convención sobre los Derechos Políticos de la Mujer, la Convención sobre la Eliminación de todas las formas de Discriminación contra la Mujer, entre otras.

La cuota de género viene a garantizar la igualdad en todas las funciones, servicios, obras y actividades económicas que desarrolla el propio Estado, es decir, dicha figura, corresponde a un instrumento que permite que la mujer pueda acceder, en todo el ámbito público, sin demérito alguno, ni tipo de discriminación, en otras palabras viene a ser el límite a la desigualdad que muchos sistemas jurídicos muestran en el momento de regular el acceso a los servicios, funciones u obras públicas de los administrados.

Así, las cuotas de género, más conocidas como cuotas de participación por sexo o cuotas de participación de mujeres, son una forma de acción positiva cuyo objetivo es garantizar la efectiva integración de mujeres en cargos electivos de decisión de los partidos políticos y del Estado. Es una medida de carácter compulsivo, que obliga a incorporar mujeres en listas de candidaturas o en listas de resultados electorales, y transitorio, puesto que supone una vigencia sujeta a la superación de los obstáculos que impiden una adecuada representación de mujeres en los espacios de poder y representación política

La Ley General de Instituciones y Procedimientos Electorales, dedica los siguientes artículos a la regulación de la cuota de género: Arts. 14, numerales 4 y 5, 232 numerales 1, 2 y 3, 233 numeral 1, 234 numeral 1, 241 numeral 1 e inciso a), y 364 numeral 1, sin embargo, es evidente que dicha figura ha quedado rebasada por la realidad, por ende no solamente en materia electoral, sino en diversos ámbitos, debe darse prioridad a reformas encaminadas a reafirmar lo que la Constitución protege, el principio de igualdad y el derecho a la no discriminación.

La LXIV Legislatura, será la más paritaria de la historia, de acuerdo con los datos arrojados por el Programa de Resultados Electorales Preliminares (PREP) del Instituto Nacional Electoral (INE), tras las elecciones del 1 de julio, la Cámara de Diputados estará conformada en 50.8% por hombres y 49.2% de mujeres, mientras que el Senado de la República estará compuesto en 51% de mujeres y 49% de hombre. Las mujeres ocuparán 244 de las 500 curules en San Lázaro y 63 de los 128 escaños en la Cámara Alta.

CURUL

El diccionario de la Real Academia Española, refiere que el término deriva del *lat. Curullis*, consistente en el asiento de los parlamentarios. En el caso mexicano, cada curul representa el asiento de cada miembro en el Senado o en la Cámara de Diputados.

La Cámara baja se compone de quinientas curules, donde 300 curules son asignadas por virtud del principio de mayoría relativa a través del sistema de distritos uninominales y, 200 por el principio de representación proporcional a través del sistema de circunscripciones plurinominales, lo que implica que a cada partido se le asignarán curules en función del número de votos que haya obtenido en cada una de las cinco circunscripciones plurinominales electorales.

Hasta febrero de 2014, la conformación de la Cámara de Diputados, de conformidad con el número de curules que detenta cada partido político en México, era la siguiente: el Partido Revolucionario Institucional con 213, el Partido Acción Nacional con 114, el Partido de la Revolución Democrática con 101, el Partido Verde Ecologista de México con 28, el Partido Movimiento Ciudadano con 20, el Partido del Trabajo con 14 y el Partido Nueva Alianza con 10.

La Cámara Alta se compone de 128 curules, y 64 curules son asignadas por virtud del principio de mayoría relativa, otros 32 a través del principio de primera minoría, y los treinta y dos restantes son asignados por conducto del principio de representación proporcional, en el primer supuesto las 64 curules son asignadas a aquellos partidos que obtienen mayor votación, los otros 32 al partido que obtiene el segundo lugar de votación denominado primera minoría, y los últimos 32 son asignados a aquellos partidos en función del volumen de votación total obtenida de una sola circunscripción plurinominal nacional por el partido político que lo ha puesto en sus listas nacionales.

Hasta febrero de 2014, la conformación de la Cámara de Senadores, de conformidad con el número de curules que detentan los partidos políticos en México, era la siguiente: el Partido Revolucionario Institucional contaba con 54, el Partido Acción Nacional con 38, el Partido de la Revolución Democrática con 22, el Partido Verde Ecologista de México con 7, el Partido del Trabajo con 5 y hay dos legisladoras que no pertenecen a ningún grupo parlamentario, asimismo, los partidos Movimiento Ciudadano y Nueva Alianza no cuentan con curules en el Senado.

D

DECLARACIÓN DE PROCEDENCIA

La declaración o juicio de procedencia, es un instrumento de control político, cuyo procedimiento corre a cargo de un órgano político, dirigido a separar de su función a un servidor público a efecto de que enfrente una acusación penal; en si no concluye con una sanción que pueda pesar sobre la persona directamente.

De conformidad con lo señalado, el Poder legislativo ejerce a través de la declaración de procedencia un control político sobre los servidores públicos de los dos niveles de gobierno, federal y estatal.

El juicio de procedencia lleva como finalidad eliminar la inmunidad procesal que detenta el funcionario público por el desempeño de su encargo, en el entendido de lo que se trata de proteger con el fuero es la función y no al sujeto. La eliminación de la inmunidad es para que el servidor pueda enfrentar una imputación penal que le sigan las autoridades competentes.

Los supuestos que pueden dar pauta para que se instaure la declaración de procedencia en contra de un funcionario público se actualizan cuando, dicho funcionario comete un delito durante el desempeño de su encargo, no así en tratándose de flagrancia o cuando el servidor público se encuentra separado del mismo, resultando innecesario el juicio de procedencia.

Los servidores públicos que podrán estar sujetas al juicio de procedencia son: Federales, del Distrito Federal y en materia local a quienes cometan delitos federales en su calidad de servidores públicos.

La cámara de diputados será la encargada de declarar si ha o no lugar a proceder en contra del servidor público de que se trate, pudiendo tener la resolución que se adopte dos sentidos, que no se cuente con la votación necesaria debiéndose declarar que no ha lugar a proceder alcanzándose la votación se declare que ha lugar a proceder, entonces se le separará de su encargo y quedará a disposición de las autoridades jurisdiccionales para efectos de que se sujete a proceso penal. En el supuesto de que no se alcance la votación y se resuelva no ha lugar a proceder, no será límite alguno para que una vez expiradas sus funciones, se le pueda seguir un procedimiento penal

Por lo que respecta a los servidores públicos locales a quienes se les haya seguido juicio de procedencia, la decisión que adopte la Cámara de Diputados tan solo tendrá efectos declarativos con la finalidad de que las legislaturas locales procedan de conformidad con su normatividad local.

Las autoridades jurisdiccionales a las que quede sujeto el servidor público puede ser absolutoria o condenatoria, en el primer supuesto deberá reasumir su función, en el segundo o se le podrá conceder la gracia del indulto en la hipótesis de que el delito sea cometido durante el periodo de su encargo.

La resolución que adopte la Cámara de Diputados es inimpugnable, es decir no se podrá controvertir a través de algún recurso administrativo o jurisdiccional.

La declaración de procedencia no procede en el caso de expresión de opiniones que hagan los diputados y senadores, en el entendido de que la libertad de expresión es un derecho básico necesario para que el legislador pueda realizar su función, esencialmente cuando se trata de discutir las iniciativas legislativas.

Por lo que respecta al presidente de la República, a este solo se le puede acusar durante el tiempo de su encargo por traición a la patria y delitos graves del orden común, debiéndose seguir el procedimiento que se sigue en materia de juicio político, donde la Cámara de diputados actuará como cámara de acusación y la de senadores será la encargada de emitir la resolución.

DELITOS ELECTORALES

Para los estudiosos del derecho penal, como el destacado penalista Marco Antonio Díaz de León, el delito consiste en aquella acción, típica, antijurídica y punible, en tanto que en materia electoral, el bien jurídicamente tutelado radica en proteger la adecuada función electoral como medio de antonomasia de expresión de la voluntad popular.

Por ende, el delito electoral, para quien esto escribe, consiste en aquella acción, típica, antijurídica y punible que atenta contra la adecuada función electoral como medio de antonomasia de expresión de la voluntad popular.

Los delitos electorales son aquellas acciones u omisiones que lesionan o ponen en peligro el adecuado desarrollo de la función electoral y atentan contra las características del voto que debe ser universal, libre, directo, personal, secreto e intransferible.

Cualquier persona, funcionarios electorales, funcionarios partidistas, precandidatos, candidatos, servidores públicos, organizadores de campañas y ministros de culto religioso.

Estas conductas están contenidas en la Ley General en Materia de Delitos Electorales, y contemplan sanciones para el caso de ser cometidos.

En el ámbito Federal, la FEPADE es la autoridad encargada de investigar y perseguir los delitos electorales para garantizar tus derechos.

DEMOCRACIA

La democracia es vista por muchos como una forma de organización social o una forma e convivencia social, desde tiempos ancestrales la democracia fue tratada por los grandes filósofos como Platón y Aristóteles, quienes consideraban a esta como el gobierno del pueblo. Etimológicamente la palabra democracia proviene del *demos* que significa pueblo y *cratos* que implica poder, el poder del pueblo.

En la democracia, a diferencia de la monarquía y aristocracia, el pueblo es el que toma las decisiones y solamente los servidores públicos deberán ejecutar la voluntad popular, se ha clasificado a la democracia en directa e indirecta, la primera es aquella donde el pueblo adopta las decisiones directamente, como sucedía en la antigua Grecia, cuyas decisiones se adoptaban a través del levantamiento de mano, en tanto que la segunda, son los representantes del pueblo quienes adoptan las decisiones en nombre de este ultimo.

Correlativamente a la democracia directa e indirecta, emerge la democracia semidirecta, a través de ella los administrados pueden expresarse, y cuyos principales instrumentos de expresión corresponden a: el plebiscito, el referéndum, la iniciativa popular y la revocación de mandato, por lo que respecta a la iniciativa popular, a los ciudadanos se les permite presentar iniciativas de ley ante el órgano que desarrolla la función legislativa, por lo que concierne a la figura de la revocación de mandato, el administrado tiene el poder para elegir quien lo va a representar, pero también tiene la potestad para revocar el mandato de su representante en cualquier momento, por lo que respecta al referéndum este se aplica para que el pueblo se pronuncia respecto de una ley secundaria, a favor o en contra, y cualquier resultado, no es vinculante para las autoridades, el plebiscito, comúnmente se utiliza como última fase de una reforma a nivel constitucional, es decir, el pueblo se pronuncia sobre si debe llevarse a cabo o no una modificación a la Constitución, aunque en la actualidad también sirve para que las autoridades sometan a consideración del pueblo previamente a alguna toma de decisión, y cualquier pronunciamiento del pueblo, es vinculante para las autoridades.

En México, se ha reformado la Constitución federal y se ha incorporado la figura de la iniciativa popular, y la del plebiscito, instrumentos que vienen a dar homogeneidad a la democracia en nuestro país y una real participación a todos los gobernados.

La Constitución Federal en su artículo 3, fracción II inciso a) refiere que la democracia no es solamente una estructura jurídica y un régimen político, sino un sistema de vida fundado en el constante mejoramiento económico, social y cultural del pueblo.

DERECHO ELECTORAL

Las reglas del derecho cobran importancia para el ser humano, en el entendido de que estas delimitan la forma de actuación de las autoridades y de los administrados de un país. En los principales estados constitucionales, no pueden concebirse, como tales, si no cuentan con reglas del juego, es decir con normas encaminadas a regular la forma en cómo los gobernados compiten por el poder, acceden a él, lo ejercen y pretenden conservarlo.

Es evidente que los países más democráticos, cuentan con reglas de derecho encaminadas a regular la competencia entre los gobernados por el poder, la forma de ejercerlo y la conservación de este; también dichos Estados han diseñado la estructura, organización y funciones de las instituciones encargadas de los procedimientos a través de los cuales los administrados acceden al poder, y de aquellas instituciones encargadas de calificar y decidir que ciudadano ha sido electo para ejercer un cargo público.

Es así como en los Estados democráticos y constitucionales, regularmente existen organismos encargados del ámbito administrativo en materia electoral y, del ámbito jurisdiccional. Las normas, la estructura, organización y funcionamiento, así como sus relaciones, de dichos organismo u órganos públicos, con los demás actores político están contenidos en la Constitución, Códigos, leyes especializadas y demás leyes secundarias que conforman un conjunto de disposiciones en materia electoral.

Además de existir disposiciones encaminadas a regular a las instituciones referidas, también dichas normas se encargan de regular lo concerniente a la organización, estructura y funcionamiento de partidos y agrupaciones políticas, como también de las candidaturas independientes que recientemente se acaban de incorporar a nivel federal, esto último como parte de la protección de los derechos políticos electorales de todos los ciudadanos en México.

Los derechos políticos electorales, hoy por hoy, alcanzan una protección constitucional exhaustiva como parte de las reformas de 6 y 10 de junio de 2011, donde se le da competencia en materia de violación de los derechos humanos a los tribunales y organismos supranacionales, además de incorporarse figuras como el bloque de constitucionalidad, la interpretación conforme y el control difuso.

En México, se cuenta con un derecho en materia electoral, catalogado por otros países como de vanguardia, como consecuencia de contar con un Instituto Nacional Electoral organismo público autónomo, un Tribunal Electoral del Poder Judicial de la Federación un órgano jurisdiccional autónomo, con una Ley de Instituciones y Procedimientos Electorales, aunado a lo anterior, nuestra Constitución da una protección de gran importancia a los derechos políticos y electorales de los ciudadanos a través de sus órganos jurisdiccionales, y ahora a través de los organismos supranacionales, como son la Comisión Interamericana de Derechos Humanos y el Tribunal Interamericano de Derechos Humanos.

El sistema jurídico de protección de los derechos político electorales se ha ensanchado, ahora lo conforman también los instrumentos que ha firmado y ratificado el Estado mexicano como ya lo hemos referido, y más aun, las decisiones de los tribunales y organismos supranacionales.

Bajo las premisas que he referido, considero que el Derecho Electoral es el conjunto de normas, valores y principios encaminados a regular la estructura, organización y funcionamiento de los órganos y organismos jurisdiccionales electorales, y la forma de competir, acceder, y conservar el poder político por parte de los gobernados.

Este conjunto de reglas y procedimientos destinados a regular las diversas etapas de los procesos de votación por los cuales la voluntad de la ciudadanía se transforma en órganos de gobierno de representación política. A través del sistema electoral se definen funciones básicas como quiénes pueden votar, quiénes ser votados, de cuántos votos dispone cada elector, cómo pueden y deben desarrollarse las campañas de propaganda y difusión electoral, cuántos representantes se eligen en cada demarcación electoral, cómo se determinan y delimitan los distritos y secciones electorales, quiénes y cómo deben encargarse de organizar los comicios, cómo deben emitirse y contarse los sufragios para determinar al triunfador, cómo se resuelven los conflictos postelectorales, entre otras.

DERECHOS POLÍTICO-ELECTORALES

Los derechos humanos han transitado por una infinidad de brechas desde que aparecieron en un documento formal, como lo fue la Declaración Universal de los Derechos del Hombre y del Ciudadano de 1789, derechos que han ido consolidándose de forma correlativa a las transformaciones de los diversos tipos de Estado.

Con el Estado liberal aparecerían entonces los derechos liberales, después con el Estado social y de Bienestar aparecerían los derechos sociales, y ahora con el Estado Constitucional y democrático ha aparecido nuevos derechos. También la evolución de los derechos humanos, para la doctrina ha transitado por distintas generaciones que han ido marcando su evolución, derechos de primera generación, derechos de segunda generación, derechos de tercera generación, y ya se empieza hablar de derechos de cuarta generación.

Las diversas corrientes doctrinarias no han sido la excepción, y también han abordado el tema de la naturaleza de los derechos humanos, las corrientes que más destacan, son la iuspositivista y la iusnaturalista, la primera considera que los derechos humanos son aquellos que están previstos en la norma, de tal manera, que la norma se convierte en factor fundamental de derechos humanos, a contrario sensu la segunda considera que los derechos humanos son inherentes al ser humano, independientemente de que la norma los regule.

En México no se reconocían algunos derechos políticos electorales como derechos fundamentales, de tal manera, que contrala violación a estos los administrados no podían acudir a su protección en vía de amparo, esto ha cambiado totalmente con las reformas recientes en materia de derechos humanos, y con las últimas decisiones que ha emitido la Corte Interamericana de Derechos Humanos, especialmente respecto del caso emblemático de Jorge Castañeda.

En el ámbito internacional, los derechos políticos electorales están reconocidos en la Declaración Universal de Derechos Humanos de la Organización de las Naciones Unidas y cuyo artículo 21 los define de la siguiente forma: *El derecho de toda persona a participar en el gobierno de su país, sea directamente o por medio de representantes libremente elegidos, y a tener acceso en igualdad a las funciones públicas, siendo la voluntad del pueblo, expresada en elecciones autenticas y periódicas por sufragio universal, igualitario y secreto, la base de la autoridad poder público.*

En el ámbito nacional los derechos políticos electorales están previstos en los siguientes artículos de la Constitución Federal: 30, 34, 35, 36, 37, 38, 41, 60, 99, 116 y 122, el derecho a votar consistente en la facultad para poder elegir a una persona que esta postulándose por algún cargo político; el derecho a participar como candidato a algún puesto popular, en el entendido de que todos los ciudadanos podemos participar como candidatos a algún cargo público federal, estatal o municipal; derecho a participar en los plebiscitos, como novedosa figura política está el derecho a pronunciarse sobre las reformas que se puedan dar a nivel de la Constitución Federal; derecho a ser candidato independiente, otra figura novedosa consiste en el derecho de poder postularse para algún cargo político, sin necesidad de ser postulado por partido político alguno; derecho de asociación, es decir que los ciudadanos mexicanos pueden asociarse para fines políticos, y participar a través de agrupaciones o partidos políticos.

DERECHO PROCESAL ELECTORAL

El derecho procesal electoral corresponde al conjunto de normas, valores y principios que regulan todos y cada uno de los procedimientos, encaminados de dirimir los conflictos de intereses en materia electoral, entre los diversos actores políticos y las autoridades electorales.

Las normas que prevén los diversos procedimientos a través de los cuales el Tribunal Electoral resuelve los conflictos de intereses son: la Constitución Política de los Estados Unidos Mexicanos, los Tratados internacionales (especialmente en materia de derechos humanos), Ley General de Instituciones y Procedimientos Electorales, la Ley Orgánica del Poder Judicial de la Federación y la Ley General del Sistema de Medios de impugnación en Materia Electoral.

Actualmente la Sala Superior del Tribunal Electoral del Poder Judicial de la Federación es la encargada de conocer de los siguientes procedimientos: *recurso de apelación, recurso de revisión, juicio de inconformidad, recurso de reconsideración, juicio para la protección de los derechos políticos electorales del ciudadano, juicio de revisión constitucional electoral, juicio para resolver los conflictos laborales entre el INE y sus servidores, o entre el TEPJF y sus trabajadores.*

El recurso de revisión es aquel que procede dentro de un proceso electoral exclusivamente en la etapa de preparación de la elección, contra los actos o resoluciones que causen un perjuicio a quien teniendo interés jurídico lo promueva, y que provengan del Secretario Ejecutivo y de los órganos colegiados del Instituto Nacional Electoral a nivel distrital y local, cuando no sean de vigilancia; también, dicho instrumento de impugnación, procederá durante el proceso electoral en la etapa de resultados y declaraciones de validez de elecciones, contra actos o resoluciones de los órganos del Instituto que causen un perjuicio real al interés jurídico del partido político recurrente, cuya naturaleza sea diversa a los que puedan recurrirse por las vías de inconformidad y reconsideración, y que no guarden relación con el proceso electoral y los resultados del mismo, siendo resueltos por la Junta Ejecutiva o el Consejo del Instituto jerárquicamente superior al órgano que haya dictado el acto o resolución impugnado.

El recurso de apelación, es aquel que procede durante el tiempo que transcurra entre dos procesos electorales federales, y durante la etapa de preparación del proceso electoral federal, contra: Las resoluciones que recaigan a los recursos de revisión previstos en el Título Segundo del presente Libro de la LGSMIME; y contra los actos o resoluciones de cualquiera de los órganos del Instituto Nacional Electoral que no sean impugnables a través del recurso de revisión y que causen un perjuicio al partido político o agrupación política con registro, que teniendo interés jurídico lo promueva; también, dicho instrumento de impugnación, procederá durante la etapa de resultados y declaraciones de validez de las elecciones, para atacar las resoluciones que recaigan a los recursos de revisión promovidos en los términos del párrafo 2 del artículo 35 de la LGSMIME, y por último, procederá para impugnar el informe que rinda la Dirección Ejecutiva del Registro Federal de Electores a la Comisión Nacional de Vigilancia y al Consejo General del Instituto, relativo a las observaciones hechas por los partidos políticos a las listas nominales de electores, en los términos de la Ley General de Instituciones y Procedimientos Electorales, y contra la determinación y, en su caso, aplicación de sanciones que en los términos de la Ley citada, aplique el Consejo General del Instituto Nacional Electoral.

El juicio de inconformidad es aquel que procede durante el proceso electoral federal y exclusivamente en la etapa de resultados y de declaraciones de validez, contra las determinaciones de las autoridades electorales federales que violen normas constitucionales o legales relativas a las elecciones de Presidente de los Estados Unidos Mexicanos, senadores y diputados.

El recurso de reconsideración, es el instrumento encaminado a impugnar las sentencias de fondo emitidas por las salas regionales cuando se trate de juicios de inconformidad que se hayan promovido en contra de los resultados de las elecciones de diputados y senadores, así como las asignaciones por el principio de representación proporcional que respecto de dichas elecciones realice el Consejo General del Instituto, siempre y cuando se cumplan los presupuestos y requisitos establecidos en este ordenamiento y; en los demás medios de impugnación de la competencia de las Salas Regionales, cuando hayan determinado la no aplicación de una ley electoral por considerarla contraria a la Constitución.

El juicio para la protección de los derechos políticos electorales procederá cuando el ciudadano por sí mismo y en forma individual o, a través de sus representantes legales, haga valer presuntas violaciones a sus derechos de votar y ser votado en las elecciones populares, de asociarse individual y libremente para tomar parte en forma pacífica en los asuntos políticos y de afiliarse libre e individualmente a los partidos políticos, y para impugnar los actos y resoluciones por quien teniendo interés jurídico, considere que indebidamente se afecta su derecho para integrar las autoridades electorales de las entidades federativas.

El juicio de revisión constitucional electoral, es aquel que procede contra los actos y resoluciones de las autoridades de las entidades federativas para organizar y calificar los comicios locales o resolver las controversias que surjan durante los mismos, siempre que la resolución presente los siguientes requisitos: a) Que sean definitivos y firmes; b) Que violen algún precepto de la Constitución Política de los Estados Unidos Mexicanos; c) Que la violación reclamada pueda resultar determinante para el desarrollo del proceso electoral respectivo o el resultado final de las elecciones; d) Que la reparación solicitada sea material y jurídicamente posible dentro de los plazos electorales; e) Que la reparación solicitada sea factible antes de la fecha constitucional o legalmente fijada para la instalación de los órganos o la toma de posesión de los funcionarios electos; y f) Que se hayan agotado en tiempo y forma todas las instancias previas establecidas por las leyes, para combatir los actos o resoluciones electorales en virtud de los cuales se pudieran haber modificado, revocado o anulado.

El juicio para dirimir los conflictos o diferencias laborales de los servidores del Instituto Nacional Electoral, procede cuando se trate de conflictos o diferencias laborales entre los órganos centrales del Instituto Nacional Electoral y sus servidores, y en los casos de conflictos o diferencias laborales entre el Instituto Nacional Electoral y sus servidores, distintos a los ya referidos.

Los actores políticos susceptibles de intervenir en cada uno de los procedimientos son: el actor, la autoridad responsable y partido político y el tercero interesado, que podrá ser el ciudadano, el partido político, la coalición, el candidato, la organización o la agrupación política o de ciudadanos.

Las pruebas que podrán ser ofrecidas y admitidas por la autoridad electoral son las siguientes: a) Documentales públicas; b) Documentales privadas; c) Técnicas; d) Presuncionales legales y humanas; y e) Instrumental de actuaciones. Por lo que respecta a las pruebas confesional y testimonial estas podrán ser ofrecidas y admitidas cuando versen sobre declaraciones que consten en acta levantada ante fedatario público que las haya recibido directamente de los declarantes, y siempre que estos últimos queden debidamente identificados y asienten la razón de su dicho.

Las sentencias que dicten las Salas del Tribunal Electoral serán definitivas e inatacables, con excepción de aquellas que sean susceptibles de impugnarse a través del recurso de reconsideración.

DISTRITO ELECTORAL

El término distrito *lato sensu*, deriva del latín *districtus*,[3] consistente en cada una de las demarcaciones geo-política electoral en que se subdivide un territorio o una población, ya sea de forma administrativa, estadística o jurídica, con la finalidad de obtener una distribución adecuada de sus servicios administrativos.

Los Distritos Electorales, luego entonces corresponden a demarcaciones territoriales determinadas y reconocidas por las leyes, en el caso de México por la Ley General de Instituciones y Procedimientos Electorales, al disponer en su artículo 14 numeral 1, que la Cámara de Diputados se integra por 300 diputados electos según el principio de votación mayoritaria, mediante el sistema de distritos electorales uninominales.

De conformidad con el párrafo anterior, en el caso mexicano, los distritos electorales son áreas donde se divide el total de los pobladores del país entre 300, que corresponde al número de distritos en los que se elegirá a los diputados por el principio de mayoría relativa.

Se han dado múltiples debates entre los estudiosos del derecho electoral y de los partidos políticos respecto de cuál sería la mejor forma de realizar la división electoral en el territorio nacional, ya que consideran que una distribución desigual podría producir diversos efectos en los resultados de una elección.

Es evidente que la demarcación territorial de un distrito electoral, resulta ser un problema muy debatido desde diversas perspectivas ya sea política, histórica, administrativa e inclusive geográfica, sin embargo, las historia de las elecciones nos prueba que la demarcación de los distritos electorales, ha sido resultado de invariables negociaciones entre los diversos actores políticos.

---

3 Nohlen, Dieter, *Sistemas electorales y partidos políticos*, Fondo de Cultura Económica, 2a. ed., México, 1998, p. 56.

E

ELECCIONES

El término elección desde una perspectiva amplia corresponde a un método de acceso a través del cual se puede consentir arribar a determinados cargos de representación popular, que básicamente consiste en que los miembros de una colectividad determinen con su voluntad, quien habrá de representarlos o dirigirlos en los escaños públicos. Esta voluntad que se materializa en el voto popular de una determinada comunidad de individuos, es el mecanismo para expresar dicha voluntad y a través de la cual se da forma a los órganos de gobierno y son la fuente de legitimación de un sistema político.[4]

De acuerdo con lo antes citado, las elecciones son la base que confirma la existencia del Derecho Electoral. Dicha figura es remota y ha estado presente en diversas etapas históricas de la humanidad, como es el caso de la Grecia Antigua Aristotélica, donde se practicaron durante los periodos de democracia, los procedimientos de selección.

Un hecho que marco un hito histórico en materia de elecciones lo fue la Declaración Universal de los Derechos del Hombre y del Ciudadano de 1789, con dicha declaración se daría paso al Estado liberal de derecho y se inserta por primera vez la obligación del voto popular como mecanismo para elegir gobernantes y adoptar decisiones colectivas, el referido hecho histórico trajo consigo e hizo necesaria la elaboración y emisión de normas y leyes que rigieran las elecciones como mecanismo e instrumento de acceso al poder.

Actualmente las elecciones son el mecanismo de los Estados Democráticos de Derecho ya sean parlamentarios, presidenciales o mixtos, de decir, semipresidenciales o semiparlamentarios, a través de los cuales las personas acceden y se mantienen en el poder.

---

4 Molina, Ignacio, Santiago Delgado, *Conceptos fundamentales de Ciencia Política*, Madrid, Alianza Editorial, 1998. P. 125.

Los objetivos de las elecciones son de vital trascendencia para los Estados democráticos, ya que generan representación colectiva, gobiernos legítimos y legales, acceso y renovación pacifica en el poder, e incentivan la participación ciudadana.

ELECTOR

Por elector debe entenderse al individuo que tiene potestad o derecho para elegir. Se denomina elector a aquel individuo que vota por los candidatos de un partido,[5] también al ciudadano que tiene la posibilidad de intervenir en las elecciones, sin restricciones de sus derechos políticos, siempre y cuando cumpla con los requisitos, tales como la edad o ciudadanía, esta última es requisito esencial, en el entendido de que las decisiones políticas de un Estado, solo les corresponden a las personas que tienen la calidad de ciudadanos.

Por lo que concierne a la edad, esta encuentra su importancia en el aspecto biológico, de tal manera que en diversos países se toma como medida la edad de 18 años, en otros de 21 años, fases del desarrollo humano que se consideran ideales para que pueda adoptar decisiones y por ende tomar decisiones en un Estado.

Es claro que además de ser ciudadano y se tenga la edad biológica, la persona deberá tener plena capacidad jurídica, es decir deberá contar con personalidad jurídica, ya que estará impedido para ser elector aquella persona que está sujeta a una interdicción judicial o padece alguna incapacidad mental.

Uno de los requisitos para que una persona pueda tener la calidad de elector es el domicilio, es decir, los órdenes jurídicos de la mayoría de los países exigen que la persona deba estar domiciliada o residir en una determinada circunscripción territorial de donde se vaya a realizar una elección. La situación antes referida, ha sufrido cambios importantes, cuando se trata de personas que se encuentran en el momento de la elección en un país distinto a su país de origen, de tal forma, que se ha regulado, el voto de los ciudadanos de un país en el extranjero.

ESCAÑO

La palabra escaño deriva del latín *scamnum, el cual hace alusión* a un banco o taburete con un respaldo de madera, mismo que se utilizó en los primeros parlamen-

---

5 Garzaro, R, *Diccionario de Política*, Salamanca, España. Editorial Tecno. 1977, 389 págs.

tos europeos como el Ingles y el Español, término que se transfirió al lenguaje político-electoral, de tal manera, que en la actualidad el término escaño se utiliza para hacer referencia a los espacios o curules que ocupan los partidos políticos derivado del número de votos que hayan tenido en una elección, y la forma de distribución de estos, en los parlamentos o congresos.[6]

ESCRUTINIO

El término escrutinio, deriva del latín, *scrutinium*, vocablo que alude a búsqueda o indagación, mismo que en la terminología político-electoral, es considerado como la operación de recuento de los votos ya emitidos y también en la aplicación de las formulas electorales que nos permiten decidir que candidatos han sido electos. [7]

También dicho término, alude a la actividad consistente en abrir las urnas, extraer las boletas y mostrar aquellas que quedaron vacías, para después realizar una separación de las boletas de acuerdo a la preferencia electoral de los electores.

De entre las actividades propias del escrutinio podemos considerar las siguientes: el cómputo de los sufragios, la interpretación de los resultados electorales, en el entendido de que a partir de los resultados podemos descifrar la aplicación de las formulas electorales establecidas en la legislación electoral y adoptar criterios encaminados a decidir sobre quien ha resultado vencedor en la elección.

La nueva Ley General de Instituciones y Procedimientos Electorales, regulan la figura del escrutinio y computo, en tendido por tales, el procedimiento por el cual los integrantes de cada una de las mesas directivas de casilla determinan: **a**) El número de electores que votó en la casilla; **b**) El número de votos emitidos en favor de cada uno de los partidos políticos o candidatos; **c**) El número de votos nulos, y **d**) El número de boletas sobrantes de cada elección.[8]

---

6 Cámara de Diputados del Congreso de la Unión, *Diccionario Universal de Términos Parlamentarios*, México. 1998. Segunda edición.

7 Borja Rodrigo, *Enciclopedia de la Política. México*, Fondo de Cultura Económica, 1997, 1040 págs.

8 Ley General de Instituciones y Procedimientos Electorales, publicada en el Diario Oficial de la Federación el 23 de mayo de 2014, consultada en la siguiente página electrónica: http://www.diputados.gob.mx/LeyesBiblio/index.htm Consultada el 26 de octubre de 2014.

ESTADO

Existen en el ámbito del derecho, así como en el campo de la sociología y la filosofía diversas nociones del término Estado. En este sentido, múltiples son las teorías que han tratado de explicar el origen del Estado de entre las que podemos mencionar: la organicista, la sociológica, la teológica, y la económica, de esta forma, en su acepción más amplia, la palabra Estado es equivalente a "manera de ser o de estar de las cosas".

La teoría sociológica atribuye el origen del Estado a las relaciones entre las clases dominantes y los dominados, la organicista le atribuye la naturaleza de un ser vivo, es decir nace, crece, se reproduce y muere, en tanto que la teológica el origen del Estado se lo atribuye a un ser divino, y la económica se la atribuye a la lucha de clases sociales, y la contractualista aquella que indica que el Estado deriva de un pacto social.

Uno de los tratadistas más importantes de Europa, sería quien vendría a definir al Estado, de tal manera, que es calificada por muchos como una definición clásica, y lo representa la que dio en su momento George Jellinek, para quien el Estado es una corporación formada por un pueblo, dotada de poder originario, asentada en un determinada territorio.[9]

Dentro de la citada definición se incluyen tres elementos fundamentales del Estado, Población, Territorio y Gobierno, con posterioridad a dicha definición, los tratadistas en los diversos ámbitos incorporarían más elementos propios del Estado, como soberanía, derecho y la finalidad, consistente de mantener la paz social.

---

9 García Máynez, *Compendio de la Teoría General del Estado de Georg Jellinek Profesor de la Universidad de Heidelberg*, México, Librería del Ángel Pol, 1936.

F

FINANCIAMIENTO DE PARTIDOS POLÍTICOS

Entiéndase al hecho de que los recursos de carácter económico, se toman del erario público y que se le suministran a las organizaciones políticas. Este subsidio o financiamiento que se realiza por la vía pública constituye una prerrogativa establecida en el artículo 41 de la constitución de los estados unidos mexicanos, con la finalidad de garantizar que los partidos políticos promuevan la participación del pueblo en la vida democrática, así como también, para contribuir a la integración de la representación nacional y el acceso al poder público.

El financiamiento público para fines partidarios debe respetar en todo momento el principio de igualdad de oportunidades, un principio que resulta fundamental en un Estado social y democrático de derecho.

La Ley General de Partidos Políticos, establece cinco formas distintas de financiamiento de este tipo:

- Financiamiento público
- Financiamiento que proviene de la militancia
- Financiamiento proveniente de las contribuciones de los simpatizantes y militantes
- Autofinanciamiento
- Financiamiento proveniente de rendimientos financieros, fondos y fideicomisos

El subsidio público con fines electorales, está sujeto a un control de fiscalización que realiza de manera institucional la Comisión de Fiscalización de los recursos de los partidos y agrupaciones políticas.

FÓRMULA ELECTORAL

Por fórmula electoral se entiende al conjunto de normas, elementos matemáticos y mecanismos que permiten hacer asequible la otorgación del número de diputaciones de entre los integrantes de sus listas regionales, que proporcionalmente les corresponda de acuerdo con la cantidad de votos obtenidos en la elección, o en su defecto, al conjunto de normas, elementos matemáticos y mecanismos que deben observarse para la asignación de diputados y regidores por el principio de representación proporcional.[10]

Dentro de los elementos de la fórmula electoral, su elemento básico lo es el cociente electoral o como también se le cataloga la determinada cifra repartidora, la cual sirve de base, para distribuir los lugares disponibles que se vayan a elegir en un órgano colegiado.

En México, se tiene un sistema mixto, la Constitución en sus artículos 52 y 56 regulan dichas formulas, en el primer artículo se prevén los principios de mayoría relativa y representación proporcional, en tanto que en el segundo se regula el principio de mayoría relativa, el de primera minoría y el de representación proporcional.[11]

Las dos principales familias de fórmulas que se encargan de traducir los votos en escaños con las mayoritarias y las proporcionales.

1) Las fórmulas mayoritarias se dividen, a su vez, en fórmulas de mayoría relativa (o de "el primero que llega a la meta gana todo") y de mayoría absoluta. Como generalmente es difícil que se produzca mayoría absoluta se presenta la necesidad de realizar una segunda vuelta a la que, por lo general, sólo acuden los dos candidatos con mayor votación en primera vuelta.

El efecto político de la segunda vuelta estriba en la importancia que pueden adquirir los partidos más pequeños y el apoyo de sus electorados.

2) Si los escaños se reparten siguiendo el principio proporcional se hace necesario utilizar uno de los métodos de cómputo existentes. La mayoría de los métodos de cómputo pertenecen a dos tipos básicos:

Son el procedimiento del divisor o procedimiento de la cifra mayor y el procedimiento del cociente electoral.

2.1) Los procedimientos del divisor se caracterizan por la división de los votos obtenidos por los partidos entre series de divisores, lo cual produce una secuencia de cocientes decrecientes para cada partido. Los escaños se asignan a los mayores cocientes (cifras mayores)

---

10 Instituto Estatal Electoral de Sonora. *Glosario de términos*. México, 2000.

11 Constitución Política de los Estados Unidos Mexicanos, consultada en la siguiente página electrónica: http://www.diputados.gob.mx/LeyesBiblio/index.htm consultado el 25 de octubre de 2014.

El método del divisor más conocido es el método D'Hondt propuesto por el profesor de matemáticas belga Víctor D'Hondt a finales del siglo XIX. Lo específico de este método es la serie de divisores: 1, 2, 3, 4, 5... Los votos obtenidos por cada partido se dividen por estos divisores en operaciones consecutivas.

Por ejemplo: En un distrito electoral se disputan 10 escaños. De los 10.000 votos posibles el partido A obtiene 4.160; el partido B 3.380 y el C 2.460. Al dividir estos resultados por 1, 2, 3... se dan las siguientes series:

Ejemplo:

Partido A	Partido B	Partido C
:1 = 4.160 (1)	:1 = 3.380 (2)	:1 = 2.640 (3)
:2 = 2.080 (4)	:2 = 1.690 (5)	:2 = 1.230 (7)
:3 = 1.386 (6)	:3 = 1.126 (8)	:3 = 820
:4 = 1.040 (9)	:4 = 845 (10)	:4 = 615
:5 = 832	:5 = 676	:5 = 492

La asignación de los escaños se rige según el cociente mayor (la cifra mayor), de modo que el partido A obtiene los escaños 1º, 4º, 6º y 9º; el partido B los escaños 2º, 5º, 8º y 10º y el partido C el 3º y 7º.

La fórmula, como se puede comprobar, no refleja una proporcionalidad justa ya que los partidos A y B obtienen 4 escaños cada uno con el 41,6% y 33,8% de los votos, respectivamente. Pero no se debe tanto al método D'Hondt sino al número de escaños a repartir en la circunscripción. Con un escaño más a repartir (11), por ejemplo, la proporción sería mayor ya que correspondería al partido más votado, el A.

Se usan también otras series de divisores como el 1, 3, 5, 7, 9... o 1, 4, 3, 5, 7, 9... que determinan la exactitud de la proporción entre votos y escaños.

En muchas ocasiones se acusa al sistema D'Hondt de favorecer a los partidos grandes pero ello no es correcto. Muchas veces el efecto mayoritario tiene que ver con otros elementos del sistema electoral, como la densidad de los distritos, de manera mucho más directa que la fórmula electoral.

Las ventajas de las fórmulas de divisores estriban en su sencillez. Especialmente la serie de divisores de D'Hondt es muy fácil de aplicar y estas fórmulas permiten asignar todos los escaños en una sola operación, contrariamente a las fórmulas del cociente electoral.

2.2) Los procedimientos del cociente electoral (o de cuota) se caracterizan por la determinación de un cociente electoral o cantidad mínima de votos para obtener un escaño. Los partidos obtienen tantos escaños como veces quepa el cociente electoral dentro del número de votos por ellos recibidos.

El cociente se obtiene mediante la división del número de votos del distrito por el número de escaños (método Hare-Niemeyer) o por el número de escaños más uno (método Hagenbach-Bischoff)

Por lo general este tipo de fórmulas no permiten asignar en una sola operación todos los escaños de los distritos. Existe el problema de los restos.

Si, por ejemplo, el tamaño de los distritos supone una limitación del principio proporcional, se pueden ir sumando en otro distrito mayor y, por lo tanto, más proporcional (un distrito nacional que junte todos los escaños no asignados en los distritos más pequeños).

Pero los escaños se pueden asignar también en el nivel del distrito aplicando, por ejemplo, el método del resto o residuo mayor.[12]

FRENTE

De conformidad con el Diccionario del Instituto de Investigaciones Jurídicas de la UNAM, el término Frente en materia electoral corresponde al derecho que los partidos o agrupaciones políticas nacionales, tienen en los términos de la Ley General de Instituciones y Procedimientos Electorales y Ley General de Partidos Políticos a realizar uniones de carácter temporal y permanente con fines electorales o sin fines electorales.[13]

La nueva Ley General de Partidos Políticos, en su Titulo Noveno, Capítulo I, prevé los requisitos para que los partidos políticos nacionales puedan construir un frente.

El Frente que se constituya a través de convenio deberá contener lo siguiente: su duración, las causas que lo motivan, los propósitos que persigan, y la forma que convengan los partidos políticos para ejercer en común sus prerrogativas.

---

12 https://politicaymedios.net/barrera-legal-y-formulas-electorales/

13 Instituto de Investigaciones Jurídicas, *Diccionario Jurídico Mexicano,* México, Universidad Nacional Autónoma de México. Editorial Porrúa. 1989. 4 vols.

Desde una perspectiva teórica, los propósitos de un Frente, deben encaminarse a promover participación ciudadana en el ámbito político, e incorporar al trabajo partidista, tareas de vinculación y de apoyo social, de tal manera, que se compartan acciones sociales entre los partidos políticos nacionales y las organizaciones sociales.

FUSIÓN

La Fusión, es una figura considerada por ley, como derecho de los partidos políticos nacionales, mismo que se encuentra previsto en el artículo 23 de la Ley General de Partidos Políticos.[14] La Fusión se da cuando se trata de vincular los principios doctrinales e ideológicos, contenidos en sus declaraciones de principios y el programa de acción de dos o más partidos políticos. Una fusión de partidos políticos debe considerar las condiciones del país a efecto de unificar las medidas políticas y sociales, para realizar los postulados y alcanzar los objetivos enunciados en la declaración de principios y el programa de acción de ambos.

Las fusiones permiten aglomerar las fuerzas de carácter político y con fines electorales, suelen ocurrir fusiones entre ideologías contrapuestas con el único propósito de conseguir triunfos electorales. Las fusiones son más comunes en los sistemas multipartidistas.[15]

Los partidos políticos que deciden fusionarse quedan legalmente extintos para dar origen y vida social, política, electoral y jurídica al nuevo partido en vías de constitución; sin embargo, puede ocurrir que un partido político decida fusionarse con otro de mayor magnitud política y/o electoral, cuando así sea, el partido político que ha decido fusionarse a otro queda disuelto, mientras que el que prevalece conserva su personalidad jurídica y desde luego su registro, podríamos considerarse que este tipo de fusión es una absorción.

[14] Véase la Ley General de Partidos Politicos, México, 2014.

[15] Moreno Daniel. Diccionario de política. México. Editorial Porrúa. 1980, 250 págs.

I

IDEOLOGÍA POLÍTICA

Ideología proviene del griego *ἰδέα,* idea, y *-logía de logos, discurso.* Significa la doctrina filosófica centrada en el estudio del origen de las ideas y en su segunda acepción se refiere al conjunto de ideas fundamentales, que caracteriza el pensamiento de una persona, colectividad o época, de un movimiento cultural, religioso o político, etc. Acepción que incluye la idea o pensamientos sobre un tema determinado como la política.

Por su parte, la palabra *política* proviene del latín *politĭcus,* y este del griego *πολιτικός,* este adjetivo se refiere a lo perteneciente o relativo a la doctrina o a la actividad política, es decir, el arte, doctrina, ideas u opinión referente al gobierno de los Estados.

Concretamente, la *ideología política* es un sistema de pensamiento o creencias que animan a la acción política. Los regímenes, organizaciones, partidos y movimientos políticos tienen una característica común, que consiste en tener una ideología política con la que se apoyan y legitiman sus acciones, como base fundamental de su organización o unidad. Por lo tanto, la ideología política, es el conjunto de valores primarios fundamentales, de un grupo de personas unidas para conducir sus actitudes o acciones hacia hechos o fenómenos y problemas políticos. Sus acciones se enfocan hacia la sociedad, economía, sistema político y todos los ámbitos que rodean el poder en una sociedad, así como a la solución de conflictos a tratar, como la pobreza, la inseguridad, etc., con el objetivo de incrementar la participación de la sociedad en los asuntos políticos y para procurar la armonía y la paz.

Hablar de ideología política, implica influir en las actitudes, las orientaciones y el comportamiento político en general, importante para el desarrollo de una conciencia política de los ciudadanos, influencia que cada vez es mayor, a medida que la ideología es más precisa y sistematizada, es decir, en cuanto mejor la conozca el ciudadano, mayor será su vínculo con la misma y por ende, mayor la tendencia a defender sus puntos de vista. En sociedades divididas por fuertes ideologías políticas en conflicto, es difícil que se llegue a soluciones debido a que los actores políticos tienen respuestas preconcebidas a las cuestiones políticas. En contraste, cuando una sociedad tiene ideologías ampliamente aceptadas, se llega más rápidamente a acuerdos y a la solución de conflictos.

IMPARCIALIDAD

La palabra imparcialidad proviene de *imparcial* que según el Diccionario de la Real Academia Española, se refiere a la falta de designio anticipado o de prevención a favor o en contra de alguien o algo, que permite juzgar o proceder con rectitud.

Por su parte, la Constitución Política de los Estados Unidos Mexicanos con base en las recientes reformas publicadas en el *Diario Oficial de la Federación* el 10 de febrero de 2014 alude al término imparcialidad en materia electoral, como uno de los principios rectores de la función estatal, en su artículo 41, fracción V, apartado A, establece lo siguiente:

> V. La organización de las elecciones federales es una función estatal que se realiza a través del Instituto Nacional Electoral, y de los organismos públicos locales, en los términos que establece esta Constitución.
>
> Apartado A. El Instituto Nacional Electoral es un organismo público autónomo dotado de personalidad jurídica y patrimonio propios, en cuya integración participan el Poder Legislativo de la Unión, los partidos políticos nacionales y los ciudadanos, en los términos que ordene la ley. En el ejercicio de esta función estatal, la certeza, legalidad, independencia, imparcialidad, máxima publicidad y objetividad serán principios rectores.

Certeza, legalidad, independencia, imparcialidad, máxima publicidad y objetividad constituyen los principios rectores de la función estatal, que se deberán cumplir por el organismo público autónomo. Organismo encargado de organizar las elecciones federales, garantizando el ejercicio de los derechos político-electorales de la sociedad a través de la promoción de la cultura democrática y la organización de comicios federales en el marco de dichos principios. Asimismo, conforman la base sobre la cual se regirán dichas actividades en la vida democrática del país. En cuanto a la imparcialidad, se manifiesta como el principio que exige respetar un equilibrio intersubjetivo. Para ello, el Dr. Flavio Galván Rivera afirma que:

> "En la realización de sus actividades, todos los integrantes del Instituto Federal Electoral deben reconocer y velar permanentemente por el interés de la sociedad y por los valores fundamentales de la democracia, supeditándolo a ellos de manera irrestricta cualquier interés personal o preferencia política".

En el mismo sentido, sobre la función electoral a cargo de las autoridades electorales en la vida democrática del país, en la siguiente tesis se señala que "el principio de imparcialidad consiste en que en el ejercicio de sus funciones las autoridades electorales eviten irregularidades, desviaciones o la proclividad partidista".

GALVÁN RIVERA, Flavio, Derecho Procesal Electoral Mexicano, Mc. Graw Hill, México, 1997, de la páginas 70 a la 76. Citado en CASTELLANOS HERNÁNDEZ Eduardo de Jesús (Coord. Gral.), Temas de Derecho Procesal Electoral, SEGOB, Dirección General de Compilación y Consulta del Orden Jurídico Nacional, México, 2010, págs. 35.

Tesis de jurisprudencia P./J. 144/2005, emitida por el Tribunal Pleno, Novena Época, consultable en el Semanario Judicial de la Federación y su Gaceta, en el tomo XXII, de noviembre de 2005, en la página 111. El rubro de este criterio es el siguiente: "FUNCIÓN ELECTORAL A CARGO DE LAS AUTORIDADES ELECTORALES. PRINCIPIOS RECTORES DE SU EJERCICIO".

TRUJILLO Isabel, Imparcialidad, Instituto de Investigaciones Jurídicas UNAM, Serie de Estudios Jurídicos, Núm. 119, México, 2007.

IMPEDIMENTOS PARA VOTAR

La expresión *impedimentos para votar* se conforma por las palabras: *impedimento* que proviene del latín *impedimentum*, que quiere decir obstáculo para algo y *votāre* también del latín, que se refiere a dar el voto en una elección de personas o dar un dictamen en una reunión o cuerpo deliberante.

Esta expresión se entiende en términos parlamentarios, como la situación excepcional, por la cual el legislador en lo particular no puede tomar decisiones sobre determinado asunto. Los impedimentos de los que se trata, no se encuentran formalmente establecidos o regulados en capítulo determinado en las leyes, pero se encuentran de forma implícita en la normas de los ordenamientos legales. Dentro de los cuales podemos diferenciar los siguientes:

a) Se presenta un impedimento para llevar a cabo una asamblea en el Congreso, cuando no existe el quórum requerido por la ley o reglamento.

b) Al nombrarse comisiones de trabajo en las cámaras del Congreso ya sea, permanentes o especiales para el despacho de asuntos que les competen, existe el derecho del legislador de participar y exponer libremente su parecer, su opinión u observaciones sobre determinado tema que se trate, pero con limitantes para votar, es decir, esta disposición constituye un impedimento para votar para el legislador que tendrá voz, pero no voto cuando no forme parte de la comisión como lo establece el artículo 92 del Reglamento para el Gobierno Interior del Congreso General de los Estados Unidos Mexicano:

> Artículo 92. Cualquier miembro de la Cámara, puede asistir sin voto a las conferencias de las Comisiones, con excepción de las Secciones del Gran Jurado, y exponer libremente en ellas su parecer sobre el asunto en estudio.

c) Un legislador puede estar impedido para votar, en diversos casos: cuando se encuentre suspendido en el ejercicio de sus funciones, porque haya solicitado licencia o porque se le haya impuesto una sanción.

Por otra parte, en el caso del impedimento para votar del ciudadano, primeramente debemos distinguir entre el sufragio activo y el sufragio pasivo. El sufragio activo implica algunos requisitos que debe cumplir el ciudadano, a *contrario sensu*, estará impedido para ejercer su derecho al voto.

1. Debe ser mexicano con 18 años cumplidos, es decir, contar con la ciudadanía mexicana otorgada a aquellos que tienen la nacionalidad mexicana, por nacimiento o por naturalización. Además de contar con la mayoría de edad, el ciudadano mexicano se encontrará impedido para votar si sus derechos se hayan suspendidos, inhabilitados o perdidos.

2. Actualmente, la nueva Ley General de Instituciones y Procedimientos Electorales publicada en el *Diario Oficial de la Federación* el 23 de mayo de 2014 establece en su artículo nueve que, además de lo establecido en el artículo 34 de la Constitución, el ciudadano mexicano deberá estar inscrito en el Registro Federal de Electores y contar con la credencial para votar expedida por el Instituto Nacional Electoral. El COFIPE anteriormente establecía, otros impedimentos para que un ciudadano pudiera votar, en razón de que su credencial para votar tuviera muestra de alteración o no perteneciera al ciudadano y agregaba, se pondría a disposición de las autoridades.

En cuanto al sufragio pasivo, que implica la posibilidad de ser candidato a un cargo de elección popular, se exigen los mismos requisitos anteriores, para algunos cargos se exige determinada edad, además de otros requisitos adicionales establecidos en la Carta Magna, por lo cual, no deberá encontrarse en casusas de inelegibilidad ya sean absolutas o relativas. El ciudadano se encontrará impedido para ejercer el voto pasivo, si no cumple con los requisitos anteriores.

Diccionario de la Lengua Española, Real Academia Española, Vigésima segunda edición, 2001, Véase en http://www.rae.es/recursos/diccionarios/drae.

BERLÍN VALENZUELA Francisco (Coord.), Diccionario Universal de términos parlamentarios, Porrúa, segunda edición, México, 1998.

GALVÁN RIVERA, Flavio, Derecho Procesal Electoral Mexicano, Mc. Graw Hill, México, 1997, de la páginas 70 a la 76. Citado en CASTELLANOS HERNÁNDEZ Eduardo de Jesús (Coord. Gral.), Temas de Derecho Procesal Electoral, SEGOB, Dirección General de Compilación y Consulta del Orden Jurídico Nacional, México, 2010, págs. 35.

http://www.diputados.gob.mx/LeyesBiblio/pdf/219.pdf

IMPUGNACIÓN ELECTORAL

El vocablo impugnación de acuerdo con el Diccionario de la Real Academia Española deriva del latín *impugnatĭo, impugnatiōnis*: acción y efecto de impugnar, y a su vez, impugnar del latín *impugnāre,* que se refiere a combatir, contradecir o refutar y en su segunda acepción; interponer un recurso contra una resolución judicial.

Las impugnaciones entonces, son las objeciones de carácter administrativo o judicial a decisiones o actividades de naturaleza electoral, al proceso electoral o a sus resultados, es decir, cuando hablamos de una impugnación electoral, nos referimos a la acción de interponer uno de estos medios ante las autoridades correspondientes y establecidas en las leyes electorales.

La *Ley General del Sistema de Medios de Impugnación en Materia Electoral*, con base en las recientes reformas publicadas el 23 de mayo de 2014 en el *Diario Oficial de la Federación*, contiene el esquema completo de los medios de impugnación electoral. Para ello, actualmente existen ocho medios de impugnación que establece el artículo 3°, numeral 2:

2. El sistema de medios de impugnación se integra por:

a) El recurso de revisión, para garantizar la legalidad de actos y resoluciones de la autoridad electoral federal;

b) El recurso de apelación, el juicio de inconformidad y el recurso de reconsideración, para garantizar la constitucionalidad y legalidad de actos y resoluciones de la autoridad electoral federal;

c) El juicio para la protección de los derechos político-electorales del ciudadano;

d) El juicio de revisión constitucional electoral, para garantizar la constitucionalidad de actos o resoluciones definitivos y firmes de las autoridades competentes de las entidades federativas para organizar y calificar los comicios o resolver las controversias que surjan durante los mismos;

e) El juicio para dirimir los conflictos o diferencias laborales entre el Instituto Nacional Electoral y sus servidores, y

f) El recurso de revisión en contra de las resoluciones y sentencias emitidas en los procedimientos especiales sancionadores para garantizar la legalidad de actos y resoluciones de la autoridad electoral federal y del Tribunal Electoral del Poder Judicial de la Federación.

Dichos medios de impugnación, tienen por objeto garantizar que todos los actos y resoluciones de las autoridades electorales en los procesos electorales y de consulta popular se sujeten a los principios de constitucionalidad y de legalidad, así como, a la definitividad de los distintos actos y etapas de los procesos electorales.

a) Recurso de revisión

El recurso de revisión es aquel medio de impugnación que garantiza la legalidad de actos y resoluciones que causen un perjuicio a quien teniendo interés jurídico lo promueva, y que provengan del Secretario Ejecutivo y de los órganos colegiados del Instituto Nacional Electoral a nivel distrital y local. El Recurso de revisión sólo procede, cuando lo interpone un partido político a través de sus representantes legítimos. Este recurso tiene como fundamento constitucional, el artículo 41, fracción VI; y la Ley General del Sistema de Medios de Impugnación en Materia Electoral Libro segundo, Título segundo, artículos 35 a 39.

b) Recurso de apelación

El recurso de apelación es el medio de impugnación en materia electoral procedente durante la etapa de preparación del proceso electoral federal o de consulta popular y en el tiempo que transcurra entre dos procesos electorales federales, establecido para garantizar la constitucionalidad y legalidad de actos y resoluciones emitidos por la autoridad electoral federal. Tiene como base los artículos 41, fracción VI; y 99, párrafo cuarto, fracciones III y VIII de la Constitución Federal; artículo 3, numeral 2, inciso b, artículo 40 a 48 de la ley General del Sistema de medios de impugnación en materia electoral, y los artículos 186, fracción III, incisos a y g y fracción V, el artículo 189 fracción I, inciso c y el 195 fracción I de la Ley Orgánica del Poder Judicial de la Federación.

c) Juicio de inconformidad

Este juicio es el medio de impugnación electoral, a través del cual los partidos políticos, y en algunos casos los candidatos en determinadas circunstancias, pueden controvertir los resultados de las elecciones federales por error aritmético, nulidad de casillas o de elección, así como por cuestiones de inelegibilidad de candidatos, es decir, procede para impugnar las determinaciones de las autoridades electorales federales que violen normas constitucionales o legales relativas a las elecciones de Presidente Federal, senadores y diputados. Tiene como finalidad garantizar que los resultados de los comicios de presidente, senadores y diputados federales se realicen con legalidad y constitucionalidad. Artículos 49 a 60 de la Ley General del Sistema de medios de impugnación en materia electoral.

d) Recurso de reconsideración

El recurso de reconsideración como lo establece la ley, procede sólo para impugnar las sentencias de fondo dictadas por las Salas Regionales en los casos siguientes: 1. En juicios de inconformidad promovidos en contra de los resultados de las elecciones de diputados y senadores y las asignaciones por el principio de representación proporcional que realice el Consejo General del Instituto. 2. En los demás medios de impugnación de la competencia de las Salas Regionales en el caso de determinar inaplicable una ley electoral por considerarla contraria a la Constitución. Artículos 61 a 78 bis de la Ley General de medios de impugnación en materia electoral.

e) El juicio para la protección de los derechos político-electorales del ciudadano

Es el medio de impugnación en materia electoral, a través del cual el ciudadano por sí mismo y en forma individual o a través de representante legal, hace valer presuntas violaciones a sus derechos de votar y ser votado en las elecciones populares, así como de asociarse individual y libremente para tomar parte de los asuntos políticos y afiliación a partidos políticos.

Así como para impugnar los actos y resoluciones por quien teniendo interés jurídico, considere que se afecta su derecho para integrar las autoridades electorales de los estados.

La finalidad de este juicio consiste en restituir a los ciudadanos en el uso y goce de sus derechos, a través de su protección legal y constitucional. Artículos 79 a 85 de la Ley General del Sistema de medios de impugnación en materia electoral.

f) El juicio de revisión constitucional electoral

Este tipo de juicio es el medio de defensa constitucional que promueven los partidos políticos o coaliciones, para impugnar actos o resoluciones de las autoridades competentes de las entidades federativas, para organizar y calificar los comicios locales o resolver las controversias que surjan durante los mismos, de conformidad con lo establecido en el artículo 86 de la Ley General del Sistema de medios de impugnación en materia electoral. El juicio de revisión constitucional electoral tiene como tarea revisar que los actos y resoluciones que emitan las autoridades de las entidades federativas en materia electoral se ajusten a las normas y principios establecidos en el orden constitucional, ya que el incumplimiento de cualquiera de los requisitos causa desechamiento. Dicha Ley, regula el juicio de revisión constitucional electoral en sus artículos 86 a 93.

g) Juicio para dirimir los conflictos o diferencias laborales de los servidores del Instituto Nacional Electoral

Los juicios que para dirimir diferencias laborales entre el INE y sus trabajadores y entre el Tribunal Electoral del Poder Judicial de la Federación y sus trabajadores se pueden dividir según el interés en juego y según su naturaleza. En la primera clasificación vemos que pueden existir conflictos laborales individuales y colectivos. En la segunda clasificación, según su naturaleza, se denotan las controversias de orden jurídico y las del orden económico, las primeras referentes a la interpretación y aplicación de las normas jurídicas vigentes o de los contratos de trabajo y los conflictos del orden económico son aquellas controversias relacionadas con la formación, modificación, suspensión o terminación de las condiciones de trabajo. En esta materia, solo se podrá conocer de resoluciones y actos concretos del INE, dirigidos de manera individual y directa a un servidor determinado, concernientes a su destitución, sanción o afectación de sus derechos y prestaciones laborales. Artículos 94 a 108 de la Ley General del Sistema de Medios de Impugnación en materia Electoral.

h) El Recurso de Revisión del Procedimiento Especial Sancionador

El recurso de revisión del Procedimiento en contra de las resoluciones y sentencias emitidas en los procedimientos especiales sancionadores para garantizar la legalidad de actos y resoluciones de la autoridad electoral federal y del Tribunal Electoral del Poder Judicial de la Federación, procede en contra de las sentencias dictadas por la Sala Regional Especializada del Tribunal Electoral, de las medidas cautelares emitidas por el Instituto a que se refiere el artículo 41, apartado D, Base III constitucional y del acuerdo de desechamiento que mita el Instituto a una denuncia, conforme a lo previsto en la Ley General de Instituciones y Procedimientos Electorales. Artículos 109 y 110 de la Ley General del Sistema de Medios de Impugnación en materia electoral.

Cabe señalar que este último medio de impugnación fue adicionado en la última reforma electoral, publicada en el *Diario Oficial de la Federación* el 23 de mayo de 2014.

DELGADO CHÁVEZ Omar, Juicio de Inconformidad. Una propuesta garantista para la defensa del voto, Revista Judicial Electoral, Vol. 1 Nª 9, 2012, págs. 73-116 Tribunal Electoral del Poder Judicial de la Federación, México 2012, pág. 76.

Ley General del Sistema de Medios de impugnación en materia electoral, disponible en http://www.diputados.gob.mx/LeyesBiblio/pdf/149.pdf

INCONSTITUCIONALIDAD

El Diccionario de la Real Academia, señala que *inconstitucionalidad* implica la oposición de una ley, de un decreto o de un acto a los preceptos de la Constitución. El término constitucionalidad con el prefijo *in,* implica la acepción de contra, en este caso, contra la constitución,

En el entendido de que la constitución es la norma suprema de todo el sistema jurídico mexicano, y que todas las demás leyes secundarias o reglamentarias, deberán ser conforme a la misma Constitución, puede existir entonces la posibilidad de que éstas u otras disposiciones vayan en contra de la Ley Suprema, que menoscaban el Estado de derecho, es por esto, la importancia de evitar que exista la inconstitucionalidad de leyes, con ayuda de un sistema de control constitucional.

La Acción de Inconstitucionalidad es un procedimiento seguido en única instancia ante la Suprema Corte de Justicia de la Nación en pleno, que tiene por finalidad preservar bajo el principio de supremacía de las leyes, la Constitución Federal, mediante la derogación de leyes que vayan en contra de las disposiciones contenidas en ésta. Respecto a ésta, más que una acción, constituye una petición, una solicitud, de control de validez normativa, ya que en ella no existe contienda entre partes propiamente dicha.

El control de la constitucionalidad en México, ha estado a cargo del Poder Judicial de la Federación, de conformidad a los artículos 103 y 107 de la Constitución. El Juicio de Amparo era el medio por el cual podía demandarse la protección de la justicia de la Unión contra los actos que fueren inconstitucionales de una autoridad. Pero con la reformas al artículo 105 constitucional realizadas en 1994, se creó la acción de inconstitucionalidad en donde se le faculta a la Suprema Corte de Justicia de la Nación, conocer de las acciones de inconstitucionalidad que tengan por objeto plantear la posible contradicción entre una norma de carácter general y la Constitución, con excepción de las que se refieran a la materia electoral.

La Ley Reglamentaria de las fracciones I y II del artículo 105 de la Constitución Política de los Estados Unidos Mexicano vigente, contiene las reglas generales para ejercitar la acción de inconstitucionalidad, en su Título III, artículo 60 establece, que en materia electoral, para el cómputo de los plazos, todos los días son hábiles.

En la actualidad, dicho sistema de control de constitucionalidad se compone de todos aquellos instrumentos jurídicos y procesales que se han establecido tanto para preservar las disposiciones constitucionales como para prevenir su violación, reprimir su desconocimiento, lograr el desarrollo y la evolución de la normativa constitucional, así lo define el jurista Fix Zamudio. Además, menciona los medios de control constitucional en materia electoral con los que se garantiza la definitividad en la resolución de controversias:

El juicio para la protección de los derechos político-electorales del ciudadano.

El juicio de revisión constitucional electoral.

La acción de inconstitucionalidad en materia electoral.

Es importante destacar que la Suprema Corte de Justicia de la nación ha establecido diferencias entre CONTROL CONCENTRADO Y DIFUSO DE CONSTITUCIONALIDAD Y CONVENCIONALIDAD, al establecer que de los artículos 1o. y 133 de la Constitución Política de los Estados Unidos Mexicanos, deriva que el control concentrado de constitucionalidad y convencionalidad respecto de normas generales por vía de acción está depositado exclusivamente en los órganos del Poder Judicial de la Federación, quienes deciden en forma terminal y definitiva, por medio del análisis exhaustivo de los argumentos que los quejosos propongan en su demanda o en los casos en que proceda la suplencia de la queja, si una disposición es contraria o no a la Constitución Federal y a los tratados internacionales sobre derechos humanos de los que el Estado Mexicano sea parte.

Por su parte, el control difuso que realizan las demás autoridades del país, en el ámbito de su competencia, se ejerce de manera oficiosa, si y sólo si, encuentran sustento para ello, respaldándose en el imperio del cual están investidas para juzgar conforme a la Constitución. Por tanto, el control ordinario que ejercen estas autoridades en su labor cotidiana, es decir, en su competencia específica, se constriñe a establecer la legalidad del asunto sometido a su consideración con base en los hechos, argumentaciones jurídicas, pruebas y alegatos propuestos por las partes, dando cumplimiento a los derechos fundamentales de audiencia, legalidad, debido proceso y acceso a la justicia. Es aquí donde el juzgador ordinario, al aplicar la norma, puede contrastar, de oficio, entre su contenido y los derechos humanos que reconoce el orden jurídico nacional (esto es, realizar el control difuso) en ejercicio de una competencia genérica, sin que la reflexión que realiza el juez común, forme parte de la disputa entre actor y demandado.

En ese sentido, la diferencia toral entre los medios de control concentrado y difuso estriba, esencialmente, en que en el primero es decisión del quejoso que el tema de inconstitucionalidad o inconvencionalidad de la ley forme parte de la litis, al plantearlo expresamente en su demanda de amparo; mientras que en el segundo, ese tema no integra la litis, que se limita a la materia de legalidad (competencia específica); no obstante, por razón de su función, por decisión propia y prescindiendo de todo argumento de las partes, el juzgador puede desaplicar la norma que a su criterio no sea acorde con la Constitución o con los tratados internacionales en materia de derechos humanos.[16]

BERLÍN VALENZUELA Francisco (Coord.), Diccionario Universal de términos parlamentarios, Porrúa, segunda edición, México, 1998, pág. 347.

FIX-ZAMUDIO Héctor, La Constitución y su defensa, México, UNAM, 1984, págs. 15-16.

SALGADO LEDEZMA Eréndira, Manual de Derecho Procesal Constitucional, Editorial Porrúa, México, 2011.

INTERPRETACIÓN DE LEYES ELECTORALES

La palabra interpretación, proviene del latín *interpretatĭo, -ōnis* que significa acción y efecto de interpretar. Interpretar deriva de *interpretāri* que quiere decir, explicar o declarar el sentido de algo, principalmente el de un texto falto de claridad. En este caso se declara o se explica el sentido de las leyes electorales.

La doctrina jurídica refiere que existen cuatro métodos de interpretación tradicionales de las normas jurídicas: gramatical, histórica, teleológica y sistemática, aunque actualmente se reconocen también otros criterios de interpretación jurídica, ya que los mencionados en las leyes electorales no son los únicos que existen. Métodos o criterios como el exegético, el sociológico, lógico-sistemático y finalista-teleológico.

La interpretación de las leyes electorales, se diferencia también atendiendo a quien realiza dicha tarea, por ejemplo: la denominada auténtica, que lleva a cabo

[16] Tesis: 1a. CCLXXXIX/2015 (10a.)

el legislador; la que realizan los jueces y magistrados denominada judicial y la de jurisconsultos, doctrinal.

Actualmente la nueva Ley General de Instituciones y Procedimientos electorales publicada en el *Diario Oficial de la Federación* el 23 de mayo de 2014, texto vigente acerca de la interpretación de leyes electorales, artículo 5:

> **1.** La aplicación de esta Ley corresponde, en sus respectivos ámbitos de competencia, al Instituto, al Tribunal Electoral, a los Organismos Públicos Locales y a las autoridades jurisdiccionales locales en la materia, a la Cámara de Diputados y a la Cámara de Senadores del Congreso de la Unión.
> **2.** La interpretación de esta Ley se hará conforme a los criterios gramatical, sistemático y funcional, atendiendo a lo dispuesto en el último párrafo del artículo 14 de la Constitución.

Con base en lo anterior, el Tribunal Electoral del Poder Judicial de la Federación, dispone: "El criterio de interpretación gramatical básicamente consiste en precisar el significado del lenguaje legal que se emplea en determinado precepto jurídico, cuando genera dudas o produce términos empleados por el legislador no se encuentran definidos dentro de su contexto normativo o bien porque los vocablos utilizados tienen diversos significados".

En cuanto a la interpretación sistemática refiere: "consiste en determinar el sentido y alcance de una disposición, cuando la misma resulta contradictoria o incongruente con otras disposiciones o principios pertenecientes al mismo contexto normativo".

Por último el Tribunal Federal Electoral, respecto del criterio funcional, señala: "... para interpretar el sentido de una disposición que genera dudas en cuanto a su aplicación, se deben tomar en cuenta los diversos factores relacionados con la creación, aplicación y funcionamiento de la norma jurídica en cuestión, que no pertenezcan a los criterio de interpretación gramatical y sistemático".

De forma similar la Ley General del Sistema de Medios de Impugnación en Materia Electoral, establece en su artículo segundo, numeral 1, que la interpretación de las disposiciones se realizarán conforme a la Constitución, los tratados o instrumentos internacionales celebrados por el Estado Mexicano, así como los criterios gramatical, funcional y sistemático o a falta de disposición expresa, se aplicarán los principios generales del derecho.

BERLÍN VALENZUELA Francisco (Coord.), Diccionario Universal de términos parlamentarios, Porrúa, segunda edición, México, 1998, pág. 379.

Tesis relevante de la Sala Central del Tribunal Federal Electoral, visible en la pág. 739 de la Memoria del TFE, tomo II.

Ley General de Instituciones y Procedimientos electorales y Ley General del Sistema de Medios de Impugnación en Materia Electoral. http://www.diputados.gob.mx/LeyesBiblio/pdf/LGIPE.pdf y http://www.diputados.gob.mx/LeyesBiblio/pdf/149.pdf

J

JEFE DE ESTADO

Gramaticalmente, *Jefe* es una palabra que proviene del francés "Chef", y éste a su vez, del latín "caput", que significa cabeza; lo que nos refiere al superior o cabeza de una corporación, partido u oficio. La palabra *Estado* procede del latín "status" proveniente del verbo *stare*, que significa estar parado, estar de pie, ser o estar firme. En este caso, nos referimos a la autoridad superior de un país, cuando se habla de jefe de Estado.

En el habla común, las palabras Estado y gobierno se usan indistintamente como sinónimos, pero gramaticalmente y jurídicamente no lo son. Es preciso diferenciar entre ambas, ya que el Estado es el titular de la soberanía, constituido por elementos diversos, además de su compleja organización gubernativa. En cambio el gobierno, es el conjunto de instituciones o de órganos mediante los cuales la soberanía es manifestada en actos concretos.

Debido a la organización de los poderes que rige el Estado mexicano, hablamos de la Teoría de la División de Poderes, entendiendo tal teoría como la manera en que se reparten las funciones. Siendo tres los poderes en el Estado democrático, la función ejecutiva, legislativa y judicial. Para la expresión formal de la unidad del Estado, especialmente en las relaciones internacionales y en la formación, movilización y coordinación de los demás órganos constitucionales, existe este órgano denominado el Jefe de Estado, designado mediante elección por sufragio popular.

La Constitución Política de los Estados Unidos Mexicanos, establece en el Capítulo III "Del Poder Ejecutivo", artículo 80, que el ejercicio del Supremo Poder Ejecutivo de la Unión se deposita en un solo individuo, denominado Presidente de los Estados Unidos Mexicanos. Es preciso recalcar, que en nuestro país, el Presidente de la República, es Jefe de Estado y Jefe de Gobierno.

Por otra parte, en la doctrina el jefe de Estado es la persona que representa la unidad de un Estado. El autor Diego Valadés afirma que debido al surgimiento del sistema parlamentario en el constitucionalismo moderno, existe ya una diferencia al hablar de un jefe de estado y un jefe de gobierno. Afirma también, el jefe de Estado es políticamente irresponsable, inviolable e inamovible, es decir, porque no realiza actos de gobierno, pero en casos excepcionales le corresponde fungir como "poder mediador", pero no depende definitivamente de la confianza del Congreso.

Además, al jefe de Estado le es aplicable una máxima británica "el rey no puede obrar mal", pero no en el sentido de que el monarca no tiene errores o equivocaciones, sino más bien, afirma Valadés, que el jefe de Estado no tiene de qué errar, debido a que tiene facultades que son meramente representativas. No ejerce facultades de naturaleza política, debido a esto, se actualiza la afirmación de que el jefe de Estado es irresponsable.

Al jefe de Estado le corresponde llevar a cabo determinadas funciones, de manera directa y en razón de su investidura: 1. Representar al país en el exterior; 2. Recibir agentes diplomáticos; 3. Presidir actos protocolarios, actos simbólicos, como inauguraciones o desfiles y actos académicos; 4. Realizar consultas con las fuerzas políticas para la integración del gobierno, en casos de crisis; 5. Proponer al Congreso quien deba hacerse cargo del gobierno. 6. Realizar los nombramientos del personal que le esté directamente adscrito.

Además de las funciones anteriores, generalmente le incumbe: 1. Designar agentes diplomáticos; 2. Designar representantes consulares; 3. Concluir tratados internacionales; 4. Extender nombramientos; 5. Expedir títulos profesionales y académicos; 6. Conceder honores a nacionales y extranjeros; 7. Otorgar indultos; 8. Promulgar leyes; 9. Ejercer el derecho de veto; 10. Expedir decretos; 11. Convocar elecciones extraordinarias; 12. Convocar al Congreso, así como disolverlo; 13. Otorgar la nacionalidad; 14. Dirigir mensajes al Congreso; y 15. Declarar la guerra, con la participación respectiva del Congreso.

Cfr. Diccionario de la Real Academia Española, http://lema.rae.es/drae/?val=JEFE y en http://lema.rae.es/drae/?val=estado.

BERLÍN VALENZUELA Francisco (Coord.), Diccionario Universal de términos parlamentarios, Porrúa, segunda edición, México, 1998, pág. 386.

VALADÉS Diego, El Gobierno de gabinete, Instituto de Investigaciones Jurídicas UNAM, segunda edición, México, 2005, págs. 5, 10.

JEFE DE GOBIERNO

La palabra *gobierno* viene del griego *kibernetes* o *kubernao* que quiere decir "pilotar un barco" o "capitán de un barco", refiriéndose a ejercer el control y dirección sobre algo. Aunado a esta palabra, gobernar viene del latín *gubernāre,* que también significa pilotar un barco, acción que realiza el timonel, que en latín es *gubernator*.

Ambas palabras son un préstamo del griego en el latín aproximadamente en el s. IV a.C. Debido a que los griegos fueron excelentes marineros, los romanos fueron grandes diseñadores de carreteras, aunque también llegaron a ser muy buenos marinos; en el lenguaje de los marinos, los griegos prestaron numerosos términos al latín. Posteriormente se utilizó la metáfora de que un pueblo es como una nave que se debe pilotar, en el sentido de regir y administrar un estado o un territorio.

Actualmente *gobierno* se utiliza para referirnos a la acción y efecto de gobernar o gobernarse y Jefe de gobierno nos refiere, según el Diccionario de la Real Academia Española, al Presidente del Consejo de Ministros.

Ahora bien, la persona que encabeza el órgano de poder, encargado de definir políticas del Estado es el jefe de gobierno, pues se encarga de aplicar y reglamentar las leyes en los términos que determine el órgano legislativo: ejerce funciones coactivas del poder; atenúa o en su caso, soluciona conflictos de relación entre las fuerzas políticas. Es decir, el jefe de gobierno realiza las tareas materiales del poder, a diferencia del jefe de estado que desempeña las funciones formales del poder.

Con base en lo anterior, es preciso señalar como en el vocablo anterior que, en muchos países como Alemania, Reino Unido de Inglaterra, Bélgica, Francia, España etc. se diferencia entre el jefe de estado y jefe de gobierno, de acuerdo al sistema que prevalezca, es decir, esta diferencia será visible en todos los sistemas parlamentarios.

El jefe de gobierno en un sistema parlamentario, en el constitucionalismo moderno, es aquella persona encargada por el Parlamento para ejercer funciones de conducción política, llamada también primer ministro o presidente del consejo de ministros e incluso, canciller. En este sistema se requiere de la confianza del parlamento ya que es el órgano que dicta la orientación política general, quien tiene el ejercicio del poder jurídico y político. Además, el gobierno se encarga de cuatro tipos de funciones: las políticas, administrativas, normativas y jurisdiccionales. Diego Valadés afirma que "la figura del Jefe de gobierno surgió de un proceso evolutivo del ejercicio del poder, que permitió complementar la idea de representación política con la de responsabilidad política".

En cambio, en otros países como Estados Unidos de América, Costa Rica, Argentina, Brasil y México con un sistema presidencial el jefe de gobierno es también jefe de Estado. La Constitución Política de los Estados Unidos Mexicanos en su artículo 89, fracción II, faculta expresamente al Jefe de Gobierno y Jefe de Estado (Presidente de la República) para nombrar y remover libremente a los secretarios de Estado del despacho o gabinete, así como las demás facultades y obligaciones en todo el artículo.

El significado gramatical de la palabra jefe, se explicó en el vocablo anterior referente al Jefe de Estado. Véase http://lema.rae.es/drae/?val=jefe.

VALADÉS Diego, El Gobierno de gabinete, Instituto de Investigaciones Jurídicas UNAM, segunda edición, México, 2005, pág. 19.

BERLÍN VALENZUELA Francisco (Coord.), Diccionario Universal de términos parlamentarios, Porrúa, segunda edición, México, 1998, pág. 389.

JORNADA ELECTORAL

El sustantivo femenino *jornada* hace referencia al tiempo de duración del trabajo diario, según el Diccionario de la Real Academia Española. A su vez, *electoral* como adjetivo de *jornada*, se utiliza para designar lo perteneciente o relativo a la dignidad, cualidad del elector o a las elecciones. Para esta acepción, es necesario englobar una serie de actividades anteriores y posteriores al voto de los ciudadanos, por ello, no es preciso tomar como base una interpretación terminológica o gramatical de la palabra jornada. El acto de la votación que se produce materialmente en el día de las elecciones, es un acto de estructura compleja.

La jornada electoral es el conjunto de actividades desarrolladas a lo largo del día en que se verifican las elecciones. Dichas actividades comprenden desde la instalación de las mesas de votación y la recepción de los votos, hasta su cierre, el conteo y transmisión preliminar de los resultados de cada una de las mesas de votación.

En la jornada electoral se prevé la posibilidad de instalación de casillas extraordinarias y se especifican procedimientos para la integración de las mesas directivas de casilla. Para la jornada electoral las boletas electorales contendrán el emblema de cada uno de los partidos políticos nacionales que participan con candidatos propios o en coalición. Respecto de las coaliciones, el COFIPE establecía reglas para determinar cuando un voto es nulo y la distribución de votos para la coalición en el momento del escrutinio y cómputo en la casilla. Con la reforma electoral y la entrada en vigor de la nueva *Ley General de Instituciones y Procedimientos Electorales* publicada en el *Diario Oficial de la Federación* el 23 de mayo de 2014, en su Título tercero, artículos 273 a 303, destina V capítulos para establecer las reglas de la Jornada Electoral.

a) *Instalación y apertura de casillas*

Durante la instalación de las mesas de trabajo o casillas, se debe revisar el contenido que tendrá el acta de la jornada electoral, como nombre completo, firma autógrafa de los funcionarios de casilla y el número de boletas recibidas.

Comenzando el día de la jornada electoral con el levantamiento del acta el primer día de julio del año de la elección ordinaria, a las 7:30 horas. En presencia de los representantes de los partidos políticos nacionales que concurran, los ciudadanos presidente, secretario y escrutadores de las mesas directivas de las casillas instalan la casilla. Las votaciones inician a las 8:00 horas y se cierran a las 18:00 horas, en caso de haber votado todos los ciudadanos de la lista nominal se puede cerrar antes, pero en caso contrario y siendo las 18:00 horas, se cerrará una vez que hayan votado quienes estuvieren formados.

En caso de que un partido político lo solicite, las boletas electorales de alguna casilla, serán rubricadas o selladas por uno de los representantes partidistas. El ordenamiento dispone que este derecho es opcional a solicitud de los representantes de los partidos políticos, lo que significa que las boletas no pueden ser anuladas si no tienen rubrica o sello.

Acto seguido, se lleva a cabo el llenado del acta electoral, que contiene dos apartados, a saber: el de instalación y el de cierre de la votación. En dicha acta se hacen constar datos como: lugar, fecha, hora de instalación, nombre completo y firma autógrafa de los ciudadanos que actúan como funcionarios de casilla, número de boletas recibidas para cada una de la elección, que las se colocaron correctamente las urnas y a la hora señalada.

La Ley establece las medidas pertinentes para los casos en que, de no instalarse la casilla a la hora señalada y pasando determinado tiempo, se estará a lo establecido en el artículo 274 para integrar a los ciudadanos suplentes en caso de falta de los designados para tal función.

b) De la votación

Conforme al artículo 277 de la LGIPE, una vez que se llene el primer apartado del acta de la jornada electoral, el presidente de la mesa, anuncia el inicio de la votación; esta no podrá suspenderse, únicamente por causa de fuerza mayor.

Los ciudadanos electores votarán en el orden en que se presenten en la mesa que les corresponda, en la que mostrarán su credencial para votar o en su caso la resolución del Tribunal Electoral del Poder Judicial de la Federación que les otorga el derecho a votar sin requerir de algún otro documento, como lo es la credencial para votar, así como, no aparecer en la lista nominal. Por medio del sufragio se elige a un Presidente de la República, senadores y diputados federales.

En caso de que las credenciales para votar tengan algún error, que no sea gravoso o que la sección no corresponda, el presidente permitirá el voto, pero en el caso de que los datos no coincidan, muestren alteraciones o no pertenezcan al ciudadano, no se les otorgará el derecho a votar.

En la praxis, la votación concluye generalmente a las 6 de la tarde, pero se les otorga el derecho de votar a aquellos ciudadanos que se encuentren esperando su turno para votar. En caso de que todos los ciudadanos electores que aparecen en la lista nominal ya hayan votado, se podrá concluir y pasar al escrutinio y cómputo de la casilla. Por lo tanto, se puede decir que existe un principio de flexibilidad en la duración de la jornada electoral, pues aunque se halla una hora oficial para el cierre de las casillas, debe ampliarse cuando sea necesario para que los ciudadanos presentes puedan ejercer el sufragio.

c) Escrutinio y cómputo de la casilla

El escrutinio y cómputo de la jornada electoral es el procedimiento por el cual los integrantes de cada una de las mesas directivas de casilla, determinan cuatro puntos relevantes: 1. El número de ciudadanos que votó en la casilla. 2. El número de votos emitidos a favor de cada uno de los partidos políticos o candidatos. 3. Cantidad de votos nulos y 4. Número de boletas sobrantes de cada elección. El artículo 289 de la LGIPE establece las reglas para la realización del escrutinio y cómputo de cada elección. Para lo cual el secretario de la mesa directiva de la casilla, anotará en los espacios señalados en el acta, los resultados de los cuatro puntos anteriormente señalados, lo que se deberán verificar por los demás integrantes de la mesa.

Para cada elección se levantará un acta de escrutinio y cómputo, con 6 apartados: 1. Número de votos emitidos a favor de cada partido político o candidato. 2. Número de boletas sobrantes, inutilizadas con dos rayas diagonales. 3. Número de votos nulos. 4. Número de representantes de partidos que votaron en la casilla sin estar en la lista nominal de electores. 5. Relación de incidentes, si los hay. 6. Relación de escritos de protesta presentados por los representantes de los partidos políticos.

Una vez concluido el escrutinio y cómputo de todas las votaciones, los funcionarios y representantes firmarán las actas correspondientes de cada elección. El Programa de Resultados Electorales Preliminares, denominado PREP, deberá recibir la primera copia de las actas electorales.

d) Clausura de la Casilla

Se levanta constancia de la hora de clausura de la casilla y nombre de los funcionarios que entregan los paquetes que contienen los votos. También se hace entrega de los paquetes y expedientes de casilla al Consejo Distrital, de acuerdo a la ubicación de la casilla, es decir, las casillas que estuvieren en la cabecera del distrito, deberán ser entregadas inmediatamente, las ubicadas fuera de la cabecera del distrito, deberán entregarse hasta 12 horas después y las casilla ubicadas en zonas rurales, podrán ser entregadas hasta 24 horas después.

e) *Medidas de seguridad en la jornada electoral*

Con base en el artículo 300 de la ley, se asegura el orden y el buen desarrollo de la jornada electoral, en donde los cuerpos de seguridad pública de la Federación, de los estados y de los municipios, o inclusive, las fuerzas armadas, prestarán auxilio al Instituto Nacional Electoral, en este caso, a los Organismos Públicos Locales y a los presidentes de las mesas directivas.

El día de la elección y el día anterior, las autoridades competentes podrán establecer medidas para limitar el horario de servicio de los establecimientos en los que se sirvan bebidas embriagantes. Además, en el mes de enero del año de las elecciones, los Consejos Distritales, designarán supervisores y capacitadores asistentes electorales, de entre los ciudadanos que hubieren atendido una convocatoria pública y tras haber cumplido con determinados requisitos, conforme al artículo 303 del mismo ordenamiento.

Ley General de Instituciones y Procedimientos Electorales disponible en http://www.diputados.gob.mx/LeyesBiblio/pdf/LGIPE.pdf

JUICIO PARA LA PROTECCIÓN DE LOS DERECHOS POLÍTICO-ELECTORALES

Juicio proviene del latín *iudicĭum* y su acepción en el campo del derecho se refiere al conocimiento de una causa en la cual el juez ha de pronunciar la sentencia.

Protección deriva del latín *protectĭo, -protectiōnis,* que es la acción y efecto de proteger, a su vez, este verbo del latín *protegĕre,* amparar, favorecer o defender.

Derecho, -s del latín *directus*, directo que significa justo, legítimo y dentro de sus múltiples acepciones, respecto de la materia que no ocupa: 1. Facultad de hacer o exigir todo aquello que la ley o la autoridad establece en nuestro favor. 2. Conjunto de principios y normas, expresivos de una idea de justicia y de orden, que regulan las relaciones humanas en toda sociedad y cuya observancia puede ser interpuesta de manera coactiva.

Ciudadano es el habitante de las ciudades antiguas o de Estados modernos como sujetos de derechos políticos y que interviene, ejercitándolos, en el gobierno del país.

Con base en lo anterior queda más clara la idea de lo que en materia electoral constituye un medio de impugnación electoral, aunque no sería posible atender al significado de la voz con palabras aisladas, es por ello que entendemos como Juicio para la protección de los derechos político-electorales del ciudadano, aquel medio de impugnación en materia electoral y de naturaleza jurisdiccional, a través del cual los ciudadanos pueden solicitar la protección de sus derechos político-electorales, así como de todos aquellos derechos fundamentales estrechamente vinculados con éstos. La finalidad de este juicio consiste en restituir a los ciudadanos en el uso y goce de sus derechos, a través de su protección legal y constitucional.

Este Juicio como medio de impugnación electoral tiene como fundamentos los artículos 41, base VI, y 99, párrafo cuarto, fracción V de la Constitución Federal; que en forma general garantiza la protección de los derechos políticos de los ciudadanos de votar, ser votado, asociación y afiliación. La Ley General de Partidos Políticos; regula los derechos de votar, ser votado, de asociación y de afiliación, sus requisitos y restricciones para su ejercicio, así como la regulación sobre las asociaciones políticas con sus derechos y obligaciones y el derecho de acceso a la información.

La *Ley Orgánica del Poder Judicial de la Federación* (LOPJF); que da competencia al Tribunal Electoral del Poder Judicial de la Federación para conocer de impugnaciones sobre actos y resoluciones que atenten o violen los derechos político-electorales de los ciudadanos mexicanos. Por último, la *Ley General del Sistema de Medios de Impugnación en Materia Electoral*, contiene en sus artículos 79 a 85 la normativa relativa a las reglas de procedencia, competencia, legitimación, trámite, sustanciación, sentencias y notificaciones de todo el juicio.

Los derechos político-electorales que se protegen en este juicio son: el votar en las elecciones populares, ser votado para todos los cargos de elección popular, asociación libre y pacífica para tomar parte en los asuntos políticos, la afiliación libre e individual a los partidos políticos e integrar autoridades electorales en las entidades federativas como lo establece y desglosa el Tribunal Electoral del Poder Judicial de la Federación.

1. *Votar en las elecciones populares*: implican la facultad que tiene el ciudadano de manifestar su voluntad a favor de los candidatos a ocupar cargos de elección popular mediante el sufragio activo.

2. *Ser votado para todos los cargos de elección popular*: este derecho implica el voto pasivo de cada ciudadano, es decir, ante la posibilidad de estar apto para ser postu-

lado como candidato a cargo de elección popular, siempre que cumpla con los requisitos que se exigen en la ley para participar en el desarrollo del proceso electoral.

3. *La asociación libre y pacífica para tomar parte en los asuntos políticos:* atribución de crear entidades jurídicas con finalidades específicas, como las agrupaciones y partidos políticos y todo lo que implica la creación de éstos.

4. *Afiliación libre e individual a los partidos políticos*: derecho del ciudadano para adherirse, ratificar o des afiliarse de un partido político, con el que adquieren derechos y obligaciones de acuerdo a los estatutos de la misma. Así como poder ser nombrado para otros empleos comisiones conforme a la ley.

El juicio para la protección de los derechos político-electorales del ciudadano, en cuanto al carácter procesal, implica en primer lugar agotar todas las instancias de solución de conflictos previstas en las normas internas del partido de que se trate, ya que una vez agotados y que sean insuficientes para subsanar las infracciones de que adolezcan los actos combatidos, será procedente dicho juicio. Por lo tanto, este juicio es un medio de impugnación extraordinario en atención a sus características y en contraposición a los denominados ordinarios.

Centro de Capacitación Judicial Electoral, Juicio para la protección de los derechos político electorales del ciudadano, Material didáctico de apoyo para la capacitación, Tribunal Electoral del Poder Judicial de la Federación, julio de 2011. Véase en http://www.te.gob.mx/ccje/Archivos/presentaciones_capacitacion/jdc.pdf.

OJESTO MARTÍNEZ PORCAYO José Fernando, Juicio para la Protección de los Derechos Político-electorales del ciudadano en HERNÁNDEZ María del Pilar (Coord), Partidos Políticos: Democracia interna y financiamiento de precampañas. Memoria del VII Congreso Iberoamericano de Derecho Constitucional, pág. 225.

JUSTICIA ELECTORAL

La palabra justicia proviene del latín *iustitĭa* conforme al Diccionario de la Real Academia Española se refiere en sus diversas acepciones, a una de las cuatro virtudes cardinales: inclina a dar a cada uno lo que le corresponde o pertenece; también el derecho, razón y equidad; así como, aquello que debe hacerse según derecho o razón.

La expresión justicia electoral comprende un panorama general relacionado a la actividad jurisdiccional referente a las elecciones, basándose en lo prescrito por las leyes electorales. Se compone de los medios de impugnación (Ley General del

Sistema de Medios de Impugnación en materia Electoral) o control de los actos y procedimientos electorales (juicios, recursos o reclamaciones), para garantizar la regularidad de las elecciones y que se fundamenten en el principio de constitucionalidad y legalidad. Cuando existe un conflicto entre los sujetos en materia electoral o las leyes en su caso, la justicia electoral resuelve y a su vez se corrigen si las hubiere, aquellas infracciones a la normatividad correspondiente.

El Instituto Nacional Electoral y el Tribunal Electoral del Poder Judicial de la Federación son las instituciones electorales que se encargan de hacer funcionar el sistema en que se basa nuestro país, la democracia, y el último como la máxima autoridad jurisdiccional en materia electoral.

Por ejemplo, si algún partido político o coalición se inconforma con lo actuado por el INE dentro del ámbito de sus competencias o en su caso, un ciudadano considera que se le ha afectado alguno de sus derechos político-electorales de los que goza, podrá en cualquier caso, acudir ante esta autoridad jurisdiccional en la materia (TEPJF), para interponer alguno de los medios de impugnación en contra de los actos que señale, y por consiguiente, revisar si se está actuando conforme a lo establecido en las leyes o la Constitución Política de los Estados Unidos Mexicanos.

Al hablar de justicia electoral, es preciso establecer que el Tribunal Electoral del Poder Judicial de la Federación es el órgano especializado del Poder Judicial de la Federación, encargado de resolver controversias en materia electoral, así como el encargado de proteger los derechos político-electorales de los ciudadanos, es decir, de impartir justicia en el ámbito electoral.

Por otra parte, en otra acepción de justicia electoral, en la cual se refiere a todos los principios, valores y medidas encaminados a la realización de la democracia representativa, como la celebración de elecciones periódicas, mediante el sufragio universal, libre, secreto y directo, que incluye el establecimiento de una adecuada integración de los órganos objeto de la representación política, libertad de asociación, reunión y expresión políticas; acceso equitativo de los partidos políticos al financiamiento público, respeto estricto al pluralismo político; condiciones equitativas para la contienda electoral, entre otros derechos a los que se puede acceder.

Justicia Electoral. Elecciones Federales 2006, Instituto Federal Electoral, México, 2006. Véase en http://www.ife.org.mx/documentos/proceso_2005-2006/cuadernos/pdf/C6_justicia.pdf.

L

LEGALIDAD

La palabra legalidad, proviene del adjetivo *legal* y ésta a vez, del latín *legālis* que quiere decir, prescrito por la ley y conforme a ella.

Al estudiar *Imparcialidad* en vocablos anteriores, se expresó que existen principios rectores en materia electoral, con base en el artículo 41 de la Constitución Política de los Estados Unidos Mexicanos fracción V, apartado A, estableciendo seis principios para la función estatal, uno de ellos es *legalidad*. El 6 de abril de 1990 se publicó en el *Diario Oficial de la Federación* el Decreto de reformas y adiciones entre otros artículos al 41 de la Constitución, en donde se adicionó el párrafo séptimo, que precisó por primera vez, que la organización de las elecciones federales es una función estatal y que en su ejercicio la imparcialidad, legalidad, certeza, objetividad y profesionalismo eran principios rectores. Actualmente certeza, legalidad, independencia, imparcialidad, máxima publicidad y objetividad constituyen dichos principios.

Los principios son las bases, la máxima o norma guía de una ciencia o arte, en materia electoral; son las líneas directrices o normas guía de la actualización del Estado, con la participación de ciudadanos y de los partidos políticos, en la organización y realización de las elecciones.

El ministro Sergio A. Valls Hernández afirma que el principio de legalidad en materia electoral es "la garantía formal para que los ciudadanos y las autoridades electorales actúen en estricto apego a las disposiciones consignadas en la ley, a fin de que no se emitan o desplieguen conductas caprichosas o arbitrarias al margen del texto normativo" ya que las autoridades electorales son las responsables del desarrollo de procesos electorales confiables y transparentes en relación a la confianza de los ciudadanos. Así mismo, la Corte se ha pronunciado en el sentido de que tales principios establecidos en la Ley Suprema tienen como finalidad la salvaguarda del actuar de las autoridades electorales estatales, como la confirmación de las mismas.

La legalidad es la base o fundamento sobre la que se sostienen las elecciones, por ello, es necesario garantizarla y por consiguiente, la legitimización de los procesos electorales. Se ha buscado y se tiende a la creación de organismos autónomos especializados, para conocer los recursos de naturaleza electoral, o en su caso, la posibilidad de impugnación de los actos o resoluciones de los organismos político-electorales ante los tribunales ordinarios.

A diferencia de la garantía constitucional de legalidad, este principio en materia electoral, incluye el actuar de autoridades electorales, de los ciudadanos en general y de las organizaciones políticas constituidas como partidos políticos, es decir, de la participación de diversos entes, en cambio la legalidad como garantía según Flavio Galván, refiere a la protección de los ciudadanos como individuos ante la actuación de las autoridades.

Este principio consiste en organizar y llevar a cabo las elecciones federales en estricto cumplimiento de la normatividad jurídica vigente, con la participación de tres entes, los ciudadanos, los partidos políticos y las autoridades electorales con adecuación o fidelidad a la ley.

Por último, el principio de legalidad electoral trata de establecer un sistema integral de justicia en materia electoral cuya trascendencia radica que en el orden jurídico mexicano se prevén los mecanismos para que todas las leyes, actos y resoluciones electorales se sujeten invariablemente a lo previsto en la Ley Suprema y las disposiciones legales aplicables para proteger los derechos político-electorales de los ciudadanos mexicanos como para efectuar la revisión de la constitucionalidad o, en su caso, la legalidad de los actos y resoluciones definitivos de las autoridades electorales federales y locales.

GALVÁN RIVERA Flavio, "El Principio de legalidad en materia electoral" en Tendencias Contemporáneas del Derecho Electoral en el Mundo, Memoria II Congreso Internacional de Derecho Electoral. IIJ UNAM-IFE, México 1993, pág. 680.

Ministro VALLS HERNÁNDEZ Sergio A. Principios Rectores en Materia Electoral, 22 de octubre de 2009, Véase http://www2.scjn.gob.mx/ministros/ministrovalls/Publicaciones/2009/13.pdf.

PRINCIPIO DE LEGALIDAD ELECTORAL, Revista Justicia Electoral 2002, suplemento 5, páginas 24-25, Sala Superior, tesis S3ELJ 21/2001.

LEGITIMIDAD

De acuerdo con el Diccionario de la Real Academia Española, *legitimidad* se refiere a la cualidad de legítimo, a su vez, legítimo proviene del latín *legitĭmus* que quiere decir, conforme a las leyes o cierto, lo que está introducido, instituido, confirmado o comprobado por alguna ley; y lo que es cierto y verdadero en cualquier línea.

En la doctrina, encontramos la legitimidad entendida por Max Weber en su obra "Economía y Sociedad", como la creencia que asegura la capacidad del gobierno para hacer cumplir las decisiones, así como la necesidad de todo gobierno de esta creencia por parte de un número sustancial de ciudadanos, la legitimidad de un orden, puede garantizarse por modos distintos, afirma, en derecho "... está garantizada externamente por la probabilidad de la coacción (física o psíquica) ejercida por un cuadro de individuos instituidos con la misión de obligar a la observancia de ese orden o de castigar su transgresión".

Los gobiernos que más necesitan esta creencia son los democráticos, ya que en este tipo de gobiernos los ciudadanos son libres de estar en desacuerdo con la ley, pero no de desobedecer lo establecido en ella, por lo tanto, la legitimidad democrática requiere la adhesión a las reglas del juego de la mayoría de los ciudadanos que emiten el sufragio como de los que ocupan los cargos de autoridad. La legitimidad consiste en creer que a pesar de los defectos o fallos, las instituciones políticas existentes son mejores que otras, y por tanto pueden exigir obediencia, es decir, esa creencia en el derecho de los que legalmente ejercen autoridad para dar cierto tipo de órdenes y hacerlas cumplir, y si es necesario inclusive, con el uso de la fuerza. En este entendido, las elecciones y la alternancia juegan un papel primordial en sociedades complejas en las que se mantenga la autoridad del gobierno.

Las elecciones por una parte, son fundamentales por medio de la participación en la vida política y democrática del país a través de la influencia que se ejerce hacia los gobernados para que al final de la contienda electoral, exista un ganador como después de una batalla o una guerra. Por otra parte, tenemos la alternancia, es decir, que al final también habrá una derrota, por lo que, aquellos derrotados se deberán sujetar al procedimiento electoral para que el triunfador, pueda suceder el poder de manera pacífica. Y como resultado, se obtiene un nuevo gobierno legítimo electo a través del proceso electoral; lo que constituye legitimidad en un sistema político democrático, si se hubiere llevado a cabo conforme a las leyes electorales.

Con base en lo anterior, para que exista esa creencia en un poder legítimo, las elecciones deben ser libres y auténticas para garantizar la alternancia en el poder. El papel de las instituciones en los países democráticos, también tiene una tarea fundamental para la transparencia y legitimidad en el sistema democrático, capaz de hacer frente a los intentos de conductas contrarias a la legitimidad, como el fraude, manipulación electoral o la corrupción.

WEBER Max, Economía y Sociedad. Esbozo de sociología comprensiva I, Trad. Medina Echavarría José, Fondo de Cultura Económica, México 1944, página 27.

BERLÍN VALENZUELA Francisco (Coord.), Diccionario Universal de términos parlamentarios, Porrúa, segunda edición, México, 1998, págs. 411-412.

LISTAS ELECTORALES

Aunque es muy sencillo saber qué se entiende por *lista*, el Diccionario de la Real Academia Española la define, en una de sus acepciones como: palabra que proviene del germánico y nórdico *lîsta*, que se refiere a la enumeración, generalmente en forma de columna, de personas, cosas, cantidades, etc., que se hace con determinado propósito. En materia electoral entonces, las enumeraciones relativas a las elecciones; de personas, partidos o circunscripciones, conforman aquellas que cualifican los sistemas electorales de lista.

a) Listas de electores

En México se utiliza esta expresión para referirnos a la enumeración definitiva de personas o ciudadanos con derecho al voto, dicha lista se utiliza como un documento de control durante el proceso electoral y específicamente durante la jornada electoral al emitir el sufragio en las mesas de votación. Para tener derecho a emitir el voto, cada ciudadano debe cumplir con determinados requisitos establecidos en las leyes electorales y que por lo tanto, dichas listas desempeñan un papel crucial para la legitimidad del proceso electoral.

En nuestro país, el sufragio representa el derecho de cada ciudadano a participar activamente y pasivamente en las elecciones. Para poder llevar a cabo el sufragio, es preciso cumplir son los siguientes requisitos: 1. Ser ciudadano mexicano, es decir, contar con la nacionalidad mexicana, sea por nacimiento o por naturalización. 2. La ley exige 18 años cumplidos. 3. Contar con una credencial expedida por el Instituto Nacional Electoral y estar incluido en la lista nominal de electores o en su caso, con una resolución del Tribunal Federal del Poder Judicial de la Federación.

La funcionalidad de las listas de electores obedecen a las razones siguientes: Verificación del derecho del sufragio, distribución de los electores en circunscripciones y como elemento primordial para la organización de la campaña electoral por los partidos políticos nacionales.

b) Listas de candidatos

Las listas de candidatos, es decir, del sufragio pasivo o la posibilidad de ser votado, también constituyen las listas en materia electoral. Aquellos que pretenden los cargos, desde la antigua Roma en la República. En cada sistema político, este tipo de lista varía, en nuestro país las listas de candidatos pueden ser de Senadores y Diputados electos por los principios de Mayoría relativa y Representación proporcional de cada uno de los partidos que se encuentren registrados. Asimismo la lista de los precandidatos a los distintos cargos de elección popular que participan en las elecciones internas de los Partidos Políticos Nacionales, cargos a Presidente, diputados o senadores.

M

MAYORÍA ABSOLUTA

Entiéndase por *mayoría* la cualidad de mayor; mayor número de votos conformes en una votación. Entiéndase por *absoluta*, que proviene del latín *absolūtus,* lo independiente, ilimitado, que excluye cualquier relación, así como lo terminante, decisivo o categórico.

En materia electoral, expresar que existe mayoría absoluta representada por número de votos, implica obtener en una votación el 50 por ciento más uno en asambleas o reuniones, es decir, en la toma de decisiones y contextos legales. La mayoría absoluta es sumamente requerida en materia electoral. El Sistema de Información Legislativa con base en leyes y reglamentos; en la Constitución Federal, la Ley Orgánica del Congreso General, el Reglamento para el Gobierno Interior del Congreso General, el Reglamento del Senado y el Reglamento de la Cámara de Diputados, añade que este tipo de mayoría corresponde al "porcentaje de votación correspondiente a la mitad, más uno de los integrantes de alguna de las cámaras al momento de tomar una decisión o realizar una votación. Gran parte de los temas que son sometidos a votación en las cámaras, como las reformas a una ley secundaria, requieren de la mayoría absoluta".

En algunos países a diferencia de México, en las elecciones son frecuentes las segundas vueltas de votación tanto de presidente como de diputados, el ejemplo más claro es Francia, ya que sus votaciones se rigen por un sistema de mayoría absoluta. El presidente de Francia, resulta electo sólo si alguno de los candidatos obtiene más del 50% de los sufragios en la primera vuelta, en caso contrario, habrá una segunda, en donde contienden solo aquellos candidatos que alcanzaron mayor votación en la primera vuelta, para que en la segunda, resulte el candidato con mayoría absoluta de los votos emitidos.

Con el principio de mayoría absoluta, se crean sistemas mayoritarios relativamente fáciles de entender para los ciudadanos, obteniendo gobiernos fuertes y estables ya que cada representante tiene el respaldo de la mayoría de sus electores.

Sistema de Información Legislativa, Diccionario de Términos Parlamentarios. Véase en http://sil.gobernacion.gob.mx/Glosario/definicionpop.php?ID=151.

VALDÉS ZURITA Leonardo, Sistemas Electorales y de Partidos, Cuadernos de Divulgación de la Cultura Democrática, Instituto Federal Electoral, 2010. Crf. en http://www.ife.org.mx/documentos/DECEYEC/sistemas_electorales_y_de_partid.htm.

Diccionario de la Real Academia Española, véase en http://lema.rae.es/drae/?val=mayor%C3%ADa

MAYORÍA RELATIVA

La palabra relativo(a), proviene del latín *relatīvus,* se refiere a aquello que no es absoluto o es discutible, susceptible de ser puesto en cuestión, según el Diccionario de la Real Academia Española.

Entiéndase por *mayoría relativa*, la formada por el mayor número de votos, no con relación al total de estos, sino al número que obtiene cada una de las personas o cuestiones que se votan a la vez. Es decir, en México, el principio por el que se eligen los legisladores tanto federales como locales, a través del sufragio directo y secreto de los ciudadanos votantes, es mayoría relativa. Específicamente, los diputados se eligen por distritos uninominales y los senadores se eligen mediante células de dos por entidad federativa. Quien obtenga el mayor número de votos, triunfa sobre los demás, sin importar el porcentaje obtenido en las votaciones.

Los Distritos Uninominales se conforman por zonas o regiones en que se divide el país, es decir, se distribuyen entre las 32 entidades federativas de acuerdo con su porcentaje de población sobre el total nacional, tomando como base los resultados del censo más reciente de población y vivienda que se realiza cada diez años, para elegir al representante popular, por mayoría en cada uno de los distritos. El candidato que obtiene mayor número de votos, es quien obtiene el triunfo, en este tipo de elecciones, triunfa sencillamente quien tenga la mayoría de votos, incluso, aunque no obtenga la mayoría absoluta. Por mandato constitucional, ninguna entidad puede contar con menos de dos representantes federales (distritos uninominales).

Los métodos más comunes para elegir Presidente son la mayoría relativa o la mayoría absoluta, en México se utiliza el principio de mayoría relativa, siendo el método más antiguo de elección directa.

SERNA DE LA GARZA, José María, Derecho Parlamentario, Mc Graw Hill, 1997.

MAYORÍA CALIFICADA

Etimológicamente, la palabra *mayoría* proviene del latín *mayor* y del catalán *majoria* que significa mayor. A su vez, *calificada*, se refiere en una de sus acepciones al dicho de una cosa: que tiene todos los requisitos necesarios o la autoridad, mérito y respeto.

La mayoría calificada es un tipo de votación especial, requerida sin frecuencia a comparación de otro tipo de mayorías. Es aquella donde se exigen porcentajes especiales de votos o votantes, como dos tercios o tres cuartas partes del total de los votantes. Este tipo de mayorías se requiere en los Congresos o Parlamentos cuando se necesita ampliar el consenso entre las fuerzas políticas integrantes, especialmente cuando se trate de determinadas reformas legales o asuntos trascendentes, donde se requiera por su importancia un apoyo considerable de los legisladores.

El ejemplo más citado, se encuentra en la propia Constitución Política de los Estados Unidos Mexicanos, artículo 135, disponiendo lo siguiente:

> "La presente Constitución puede ser adicionada o reformada, Para que las adiciones o reformas lleguen a ser de las misma, se requiere que el Congreso de la Unión, por el voto de las dos terceras partes de los individuos presentes, acuerde las reformas o adiciones, y que éstas aprobadas por la mayoría de las legislaturas de los Estados..."

La disposición que presenta, se basa en la rigidez de la Constitución mexicana, ya que, sin la disposición de la mayoría calificada en este artículo, la Constitución tomaría la característica de flexible. La rigidez de una Constitución hace que no sea fácil reformarla, en este caso se necesitarían las dos terceras partes de los miembros de las cámaras presentes en el salón de plenos de alguna de las cámaras al momento de tomar una decisión o acuerdo.

En México, la Cámara de Diputados se encuentra integrada por 500 legisladores, por lo tanto, para conformar una votación con mayoría calificada, se requiere de 334 votos, o en su caso, un número menor, de acuerdo al total de los legisladores asistentes o presentes. En cambio, en la Cámara de Senadores, para conformar una votación con mayoría calificada, se requerirán 85 votos de 128 legisladores.

Diccionario de la Real Academia Española, véase en http://lema.rae.es/drae/?val=mayor%C3%ADa+

N

NULIDAD DE ELECCIONES

La palabra *nulidad* se refiere a la cualidad de nulo o el vicio que disminuye o anula la estimación o validez de algo; a su vez, *Nulo* proviene del latín *nullus:* adjetivo que denota falta de valor y fuerza para obligar o tener efecto, por ser contrario a las leyes, o por carecer de las solemnidades que se requieren en la sustancia o en el modo.

En la doctrina, existe la teoría de las nulidades, enfocada a la validez de los actos jurídicos, ya sea para la protección de dichos actos como manifestación de la voluntad individual o a través de ésta, la protección de un interés general o colectivo. La nulidad se clasifica en relativa y absoluta, así como la nulidad manifiesta (expresa en la ley) y no manifiesta.

Por *elección* entiéndase la 1. Acción y efecto de elegir. 2. Designación, que regularmente se hace por votos, para algún cargo, comisión etc. 3. Emisión de votos para designar cargos políticos o de otra naturaleza.

Con lo anterior, *nulidad de elecciones* se refiere a las elecciones o procesos electorales que pueden ser susceptibles de nulidad; sea absoluta, relativa, total o parcial y manifiesta o no manifiesta. La nulidad, puede darse en cualquier etapa en el proceso electoral, y que durante todo el proceso podrán darse actos o diligencias electorales que carezcan de eficacia o que puedan atacarse para considerarse como nulas.

El aplicar el concepto de nulidad a los procesos, quiere decir, que pueden ser susceptibles de nulidad aquellos actos, por razones que afecten la voluntad de las personas que intervengan en dichos actos o por la inobservancia de las formalidades que exigen las leyes. En este sentido, la nulidad puede darse en cualquiera de las etapas que comprenden los procesos electorales, desde declararse nula la inscripción de un candidato, anular la integración de una mesa electoral, etc. hasta anular elecciones federales si se diera el caso; como la de diputados, senadores o hasta la elección de Presidente. Las causales de nulidad se deben fundamentar, para la procedencia del juicio de inconformidad se ubican en la Ley General del Sistema de Medios de Impugnación en Materia Electoral, en las elecciones de presidente federal (artículo 77 Bis), diputados (artículo 76) y senadores (artículo 77).

Podemos encontrar tres casos de nulidad; 1. En el voto nulo: directamente por el ciudadano electoral al momento de emitir su sufragio; Por la mesa directiva de la casilla, al realizar el escrutinio y el cómputo de los votos, o en su caso, en el recuento de votos a cargo del Consejo Distrital o por el Tribunal Electoral. 2. La nulidad; en el caso de la votación recibida en casilla y de una elección en general y, 3. La invalidez de una elección, es decir, por la violación o incumplimiento de principios constitucionales.

De acuerdo a la jurisprudencia dictada por el Tribunal Electoral de Poder Judicial de la Federación, existen principios que rigen el sistema de nulidades y son en orden de importancia: Sólo por las causas previstas por la ley, conservación de actos válidamente celebrados, la irregularidad debe ser determinante, solamente conductas calificadas como graves plenamente acreditadas, opera de manera individual, solo contra conductas generalizadas, potestad anulatoria de oficio, respeto a los principios constitucionales y legales, definitividad y preclusión.

Los efectos de la nulidad como ya hemos dicho, es el de invalidar el acto o diligencia, y por lo tanto, no reconocer los efectos que normalmente se derivan del acto además de su incidencia en el resultado electoral. Por ejemplo, si en determinado municipio se anula una elección en las casillas, debe convocarse a elección extraordinaria como lo establece la ley o hasta la anulación de todo el proceso electoral, como ha ocurrido en algunos países, debido a la detección de anomalías en el padrón electoral, listas nominales, cómputos, error aritmético, etc. En la violación a las leyes electorales, puede dar lugar a la comisión de delitos electorales, en cuyo caso deberá remitirse a las autoridades jurisdiccionales correspondientes para su debida investigación, esclarecimiento de los hechos y si se diere el caso, la sanción o pena.

Jurisprudencias 09/98, 13/2000 y 20/2004 del TEPJF en Centro de Capacitación Judicial Electoral, Sistema de nulidades en materia electoral federal, Material didáctico de apoyo para la capacitación, Tribunal Electoral del Poder Judicial de la Federación, julio de 2011. Disponible en http://www.te.gob.mx/ccje/Archivos/presentaciones_capacitacion/sistema_nulidades.pdf.

O

OMBUDSMAN

La palabra *Ombudsman* de origen alemán, es un vocablo sueco que tiene un significado específico en el ámbito jurídico. Ha sido adoptado en diversos países para referirse a una institución jurídica equivalente al defensor del pueblo, representante, guardián o mediador.

Este representante o mediador es el responsable de controlar que los derechos de los ciudadanos no sean vulnerados por el Estado, antes bien, deban ser protegidos y hechos valer. Garantiza el respeto de los derechos de cada individuo en el marco de cualquier tipo de acción en diversas áreas; judicial, administrativa, burocrática etc.

El Ombudsman nació en el año de 1809 con la Constitución de Suecia, como medio de control adicional para el cumplimiento de las leyes y a la defensa universal de los derechos humanos. Con la finalidad principal de la correcta aplicación de las leyes por parte de la administración pública, creando una nueva vía y relación entre los gobernados y el Estado, para conocer de las quejas de los gobernados y de las arbitrariedades cometidas por determinada autoridad.

Esta nueva institución como órgano público, autónomo, sin tintes políticos y partidistas, se encargaría de recibir e investigar quejas de los ciudadanos contra abusos o deficiencias de las autoridades. Finlandia fue el segundo país en adoptar el *Ombudsman*, para finales de la Segunda Guerra Mundial a consecuencia de las atrocidades cometidas en ella y a favor del reconocimiento de los derechos humanos. Posteriormente países como Noruega, Dinamarca, Nueva Zelanda, Israel, Portugal, España entre otros, adoptaron esta figura para ser considerada ya, una institución universal en más de 50 países.

El Dr. Jorge Fernández Ruiz establece las características esenciales que debe tener el *ombudsman* para no ser confundida con alguna otra figura, para ello menciona las siguientes siete: *a)* Receptor de quejas populares contra el poder público, *b)* Mecanismo de defensa de los derechos humanos, *c)* Órgano autónomo de vigilancia del poder público, *d)* Órgano apolítico, *e)* Sus resoluciones no son vinculatorias, *f)* Tiene acceso a toda documentación e información oficial y *g)* Sus requisitos procesales son mínimos. Asimismo establece rasgos frecuentes en los ombudsman y aspectos que pueden variar dependiendo del país y sus leyes.

En México, el *ombudsman* tiene diferentes antecedentes entre los cuales están la "Procuraduría de los pobres" de San Luis Potosí en 1847, la Defensa de los Derechos Humanos en 1979, la Procuraduría de Vecinos creada en 1984, la Defensoría de los Derechos Universitarios de la UNAM creada en 1985, por citar algunos ejemplos. Actualmente la tarea del ombudsman se halla a cargo de la Comisión Nacional de Derechos Humanos creada el 5 de junio de 1990, lo que conformaría la adopción del ombudsman a nivel nacional, ya que conoce las presuntas violaciones de derechos humanos imputadas a servidores públicos federales, exceptuando al Poder Judicial Federal. La CNDH se caracteriza por tener un procedimiento sencillo y por contar con la facultad de emitir recomendaciones autónomas no vinculatorias como se ha anotado anteriormente, así como, no tener carácter político.

Por otra parte, cabe resaltar que, mediante reformas constitucionales en donde se le dota de facultades a la Comisión Nacional de Derechos Humanos para la protección de los derechos humanos, existe una cuestión a tratar que, como en otros países, esta comisión pudiera estar facultada para la protección de los derechos político-electorales dentro del marco de los derechos humanos. Como agrega Fix-Zamudio, "La Suprema Corte de Justicia de México se opuso a la intervención nacional de los derechos humanos en el ámbito judicial, y por ello, el precepto constitucional mencionado prohíbe la fiscalización del ombudsman al Poder Judicial Federal", es decir, en México algunas corrientes políticas pretendieron incluir asuntos electorales, laborales y jurisdiccionales a las reformas, con lo que se prohibió con posterioridad.

FERNÁNDEZ RUIZ, Jorge, "Derechos Humanos y Ombudsman en México", Problemas actuales del derechos constitucional. Estudios en homenaje a Jorge Carpizo, México, UNAM, 1994, págs. 125-127, 129-130.

"Evolución del Control Constitucional en México", en Constitucionalismo Iberoamericano del siglo XXI, coordinado Diego Valadés-Miguel Carbonell, México, UNAM. 2000, págs. 127-128.

P

PADRÓN ELECTORAL

Entiéndase por *padrón* en su segunda acepción, la nómina de los vecinos o moradores de un pueblo, esta palabra proviene del latín *patrōnus,* de acuerdo con el Diccionario de la Real Academia Española. Y la palabra *electoral,* relativo o perteneciente a la dignidad o a la cualidad de elector.

En el padrón electoral se encuentra la relación de todos los ciudadanos mexicanos que solicitaron su inscripción al mismo, con la finalidad de obtener su credencial para votar con fotografía y así ejercer su derecho al voto. El Instituto Nacional Electoral nos señala que el padrón electoral forma parte del Registro de Electores que está compuesto además por el Catálogo General de Electores, documentos o registro en los que se ubica la información acerca de los mexicanos mayores de 18 años, recabada a través de la técnica censal total. Este padrón sirve para la elaboración de las listas nominales que contienen fotografía, documentos en los que aparecen los datos de los ciudadanos electorales que cuentan con credencial electoral.

Para la inscripción o registro en el padrón electoral, el ciudadano requerirá llevar a cabo su solicitud en la que conste su firma, huella digital del dedo índice y fotografía de forma personal en las oficinas del Registro Federal de Electores o en determinado módulo para tramitar su respectiva credencial.

La actualización del padrón electoral es un proceso de relevancia cuyo fin principal es el índice de confiabilidad para la organización del los procesos electorales, para ello, se realizan campañas invitando a los ciudadanos a la actualización de sus datos. Los ciudadanos deberán acudir a los módulos en el periodo de actualización cuando: 1. No hayan notificado su cambio de domicilio. 2. No estén en el padrón electoral, aún estando inscritos en el Catálogo General de Electores. 3. Hayan extraviado la credencial de elector. 4. Hayan sido suspendidos del ejercicio de sus derechos políticos y que éstos hayan sido rehabilitados.

a) Listas nominales

Estas listas son todos los datos de ciudadanos que tramitaron su inscripción al padrón electoral y por ende, cuentan con su credencial para votar vigente. Las listas nominales cumplen su función principal el día de la jornada electoral, ya que en las casillas electorales se encuentran los nombres de todos aquellos ciudadanos que acudieron en su momento a tramitar la credencial y cumplen con todos los requisitos para ejercer libremente su voto. Las listas nominales tienen como características: los datos generales como; el nombre, edad, apellidos, dirección, clave de elector, ubicación de sección, CURP, etc. además, cuenta con la fotografía impresa como si se tratare de la copia de la credencial de elector, para garantizar una jornada electoral confiable.

Por otra parte, dentro de las características de las listas, así como de otros documentos públicos, podemos encontrar que el papel en el que se imprimen, es un papel de seguridad. Cuenta con filamentos visibles a la luz natural y con filamentos visibles a la luz ultravioleta, además es fabricado especialmente para el Instituto Nacional Electoral y cuenta con marcas de agua distribuidas en cada hoja. Los candados o marcas de seguridad en determinados documentos públicos, se hacen con el fin de impedir la falsificación o procesos como el offset, tipografía y otras técnicas.

b) Credencial para votar

La credencial para votar es el instrumento de identificación que garantiza el ejercicio del derecho que los ciudadanos mexicanos tienen para elegir a los representantes. La credencial es otorgada exclusivamente a ciudadanos mexicanos y así como las listas nominales, también cuentan con elementos de seguridad para evitar falsificaciones y verificar su autenticidad.

Por último, la credencial para votar contiene la huella, firma, espacio para marcar el voto el día de la jornada electoral y fotografía. Recientemente se cambió el diseño, incluyendo otros elementos de seguridad que según informó el Instituto Nacional Electoral cuenta con 25 de estos elementos. En el anverso cuentan con: impresiones visibles con luz negra o ultravioleta, patrón debilitado en los contornos, dispositivos que cambian de color, foto fantasma, micro texto, elemento OVD, sistema braille si así se solicita, diseño perceptible al tocarlo con las yemas de los dedos, impresión arcoíris y tinta OVI-UV. En el reverso de la credencial para votar, cuenta con micro texto, tinta UV, diseño en relieve e impresión arcoíris.

Listas nominales en http://ifetap.galeon.com/infogral/rfe/lista/lista.html.

Características del nuevo modelo y los puntos para su autenticación. Anverso y reverso en http://ife.org.mx/archivos1/DERFE/credencial/caracteristicas/.

PARTICIPACIÓN POLÍTICA

La participación política puede definirse como toda actividad ciudadana encaminada a intervenir en el proceso electoral de su país y como toda manifestación encaminada a formar la estructura política nacional. Por lo tanto existen distintas formas de intervenir, desde la participación electoral, que es la más frecuente igualitaria forma de participar abocándose a emitir el sufragio, hasta pertenecer a un partido político.

Término amplio que abarca distintas actividades en la ciencia política contemporánea y es muy importante para la conformación de una sociedad.

Es fundamental que el derecho de participación electoral se encuentre protegido por la ley, pero es igual de importante que los ciudadanos asuman la responsabilidad que les toca al momento de que se efectúen las votaciones, ya que son quienes deciden el rumbo que tome el país.

PARTIDO POLÍTICO

Existen genéricamente dos acepciones del término partido político, la primera, en un sentido amplio los entiende como cualquier conjunto de personas unidas por un mismo interés; la segunda, en sentido restringido, los ve como una agrupación con permanencia temporal, que media entre la sociedad y el Estado por el poder político, buscando formar la voluntad política del pueblo. Si tomamos la segunda acepción encontramos que su origen es más reciente y data del siglo XVII, XVIII o XIX, (la teoría más aceptada señala que surgen en el siglo XVII, se evolucionan en el XVIII y se organizan en el siglo XIX) en Inglaterra y Estados Unidos de Norte América.

Son muchos autores los que han expresado su punto de vista respecto de los partidos políticos, de tal suerte se muestra a continuación los más relevantes:

El Diccionario jurídico mexicano, señala que los *partidos políticos* son "...grupos organizados que se proponen conquistar, conservar o participar en el ejercicio del poder a fin de hacer valer el programa político económico y social que comparten sus miembros...".

Por su parte Gil Robles los conceptualiza como "conjunto de personas que, unidas por una misma ideología, persiguen, mediante unas elecciones, conseguir el poder para, desde él, lograr imponer su concepción ideológica y realizar su programa político".

Max Weber considera un partido como "la forma de socialización que, descansando en un reclutamiento libre, tiene como fin, proporcionar poder a su dirigente dentro de una asociación y otorgar por ese medio a sus miembros activos determinadas posibilidades ideales o materiales".

Los partidos políticos son entidades de interés público que tienen como fin promover la participación de los ciudadanos en la vida democrática, contribuir a la integración de la representación nacional y como organizaciones de ciudadanos, hacer posible el acceso de éstos al ejercicio del poder público, de acuerdo con los programas, principios e ideas que postulan y mediante el sufragio universal, libre, secreto y directo.

Sólo los ciudadanos podrán formar partidos políticos y afiliarse libre e individualmente a ellos; por tanto, quedan prohibidas la intervención de organizaciones gremiales o con objeto social diferente en la creación de partidos y cualquier forma de afiliación corporativa. Los partidos políticos nacionales tendrán derecho a participar en las elecciones estatales, municipales y del Distrito Federal.

Los partidos políticos se regirán internamente por sus documentos básicos, tendrán la libertad de organizarse y determinarse de conformidad con las normas establecidas en la Ley General de Instituciones y Procedimientos Electorales y la Ley General de Partidos Políticos, conforme al mismo, establezcan sus estatutos.

Del estudio de los partidos políticos se desprende que existen características que les son comunes, entre las que se encuentran: 1) Organización durable, es decir que perdura en el tiempo; 2) Organización estructuralmente completa; 3) Voluntad deliberada de ejercer directamente el poder, es el fin primordial de este tipo de organizaciones; 4) Voluntad de buscar el apoyo popular; 5) Independencia orgánica y funcional respecto del Estado; agrego una característica más 6) Que su creación sea conforme a la normatividad vigente en el Estado.

Los partidos políticos son una constante en la actualidad por la que al menos en México se habla de una crisis de partidos, ya que la mayoría de ellos, por no decir que todos, han olvidado su función principal, la cual debe consistir en representar los intereses de las personas que votaron por ellos, y que por lo tanto su compromiso debe anteponer siempre los intereses de la mayoría.

Los partidos políticos llevan varios aspectos esenciales, muchas veces olvidados: primero, deben buscar el beneficio de las personas en general, que incluya tanto las aspiraciones de sus miembros como las de otros sectores sociales, y no sólo el beneficio de sus miembros, como es el caso de las facciones; segundo, deben reconocer que forman parte de un todo y que existe un proyecto superior al del propio partido, que es el proyecto de nación; tercero, deben reconocer la existencia de otros partidos políticos, que como ellos están interesados en conseguir un lugar en la contienda electoral; cuarto, tras analizar la situación actual del Estado deben ofrecer propuestas viables; quinto, deben formar un canal de comunicación entre el gobierno y los gobernados; y sexto, deben conocer y reconocer las reglas establecidas para las elecciones.

Carrillo Prieto, Ignacio, "Reformas electorales y reforma política", Boletín Mexicano de Derecho Comparado, México, año XIV, núm. 40, enero-abril, 1981.

Patiño Camarena, Javier, "Partidos políticos", Diccionario jurídico mexicano, no. 29, Tomo VII P-Reo, México, Instituto de Investigaciones Jurídicas, 1984.

Cárdenas García, Jaime, Partidos políticos y democracia, México, Instituto Federal Electoral, 2001.

Gil Robles, y Pérez Serrano, "Partidos políticos", en Pina Nava, Rafael de, Diccionario de derecho, 34 ed., México, Porrúa, 2005.

Duverger, Maurice, Los partidos políticos, México, Fondo de Cultura Económica, 1957.

Weber, Max, Economía y sociedad, México, Fondo de Cultura Económica, 1969.

PLURIPARTIDISMO

El pluripartidismo hace referencia al sistema conformado por varios partidos políticos que tienen la posibilidad de optar por el poder político.

Existe la noción de un sistema bipartidista como en Estados Unidos de América en el que sólo existen dos partidos que se alternan el poder, los demócratas y los republicanos. Existe también el unipartidismo, en el que sólo gobierna un partido político, también conocido como partido hegemónico, como lo fue México durante muchos años, existiendo otras alternativas partidistas, pero siendo siempre una fuerza política la que triunfa en las urnas.

PODER POLÍTICO

El término poder político tiene varias acepciones y dependerá del campo al que hagamos referencia. El Diccionario de la lengua española señala que proviene del latín potēre, formado según potes, etc., y en la acepción que nos interesa estudiar es: el dominio, imperio, facultad y jurisdicción que alguien tiene para mandar o ejecutar algo; gobierno de un país; fuerza, vigor, capacidad, posibilidad, poderío; y, suprema potestad rectora y coactiva del Estado. Es una actividad que ha estado presente en la vida del hombre desde sus inicios.

A continuación se presentan las definiciones de algunos teóricos importantes:

Max Weber, definía que "el poder es la posibilidad de imponer la propia voluntad sobre la conducta ajena".

Herman Heller sostenía que "...el poder del Estado es la organización política suprema en el ámbito interno y externo del mismo".

Jellinek afirmaba como poder del Estado "...el factor de dominio e imperio-coacción irresistible de las instituciones de los pueblos..." y consideraba a la soberanía como elemento del Estado que limita tanto al gobernado como al gobernante.

Y para Carré de Malberg "...el poder es el medio de que se sirve el Estado para la realización del derecho y en cierto modo llega a identificar este poder político supremo estatal con el concepto de soberanía...".

El poder político se define entonces como la consecuencia que deriva del ejercicio de las funciones de las personas que ocupan un cargo de representación popular dentro de un sistema de gobierno. El poder político encuentra su justificación jurídica mediante la característica de coacción que lleva implícita la norma.

Weber, Max, Economía y sociedad, 2da. ed., México, Fondo de Cultura Económica, 1964.

PRIMERA MINORÍA

El término de primera minoría hace referencia a la forma de elección de los senadores en México. El Senado se conforma 128 senadores, de los cuales en cada estado y el Distrito Federal se elegirán a dos mediante el principio de mayoría relativa, otros 32 será electos mediante el sistema de representación proporcional en una sola circunscripción y los 32 restantes serán asignados a la primera minoría. El artículo 56 Constitucional establece: Para estos efectos, los partidos políticos deberán registrar una lista con dos fórmulas de candidatos. La senaduría de primera minoría le será asignada a la fórmula de candidatos que encabece la lista del partido político que, por sí mismo, haya ocupado el segundo lugar en número de votos en la entidad de que se trate.

PROCESO ELECTORAL

El proceso electoral es definido por la Ley General de Instituciones y Procedimientos Electorales como: "el conjunto de actos ordenados por la Constitución y esta Ley, realizados por las autoridades electorales, los partidos políticos, así como los ciudadanos, que tiene por objeto la renovación periódica de los integrantes de los Poderes Legislativo y Ejecutivo tanto federal como de las entidades federativas, los integrantes de los ayuntamientos en los estados de la República y los Jefes Delegacionales en el Distrito Federal".

Respecto a esta definición teóricamente encontramos que el proceso electoral se conforma a grandes rasgos por las siguientes tres etapas:

- *Los actos preparatorios de la elección,* mediante los cuales se integran los órganos temporales del Instituto Federal Electoral, se actualiza el catálogo general de electores y el padrón electoral, se registra la plataforma electoral, las coaliciones y los candidatos, se realizan las campañas electorales por los partidos políticos, se asignan las casillas electorales, se integran las mesas directivas de casillas, los partidos políticos designan, si desean hacerlo, a los representantes de casilla, se inscriben los observadores electorales, se prepara el material electoral y la documentación respectiva.
- *La jornada electoral* inicia con la instalación y apertura de las casillas, cada persona registrada con un cargo específico dentro de la casilla debe cumplir fielmente hasta el cierre de las mismas con su encargo, mientras que los demás ciudadanos acuden a sus respectivas casillas para emitir su voto, portando su credencial para votar. Esta etapa concluye con el cierre de la casilla a las 18:00 horas o bien hasta que el último elector vote, levantándose y firmando el acta respectiva, se procede al escrutinio y cómputo de cada casilla.
- *Los aspectos postelectorales*, inicia con la recepción de los paquetes electorales que remite cada casilla y que hace llegar a la autoridad. Conforme se va teniendo el número de votos, se generan los resultados preliminares por distrito. Días después de la votación se realiza la sesión de cómputo distrital, remitiéndose después el mismo cómputo distrital a la autoridad competente para recibirlas.

En México y conforme a la legislación recientemente publicada el proceso electoral ordinario comprende las etapas siguientes: a) preparación de la elección; b) jornada electoral; c) resultados y declaraciones de validez de las elecciones, y d) dictamen y declaraciones de validez de la elección.

Q

QUÓRUM

Quórum proviene del latín *quorum*, genit. pl. de *qui; e*xpresión referente al número de miembros que requiere un cuerpo colegiado como mínimo para adoptar una decisión jurídicamente vinculante. Este número mínimo de legisladores cuya presencia es necesaria para sesionar válidamente en los órganos legislativos —el Pleno de las Cámaras del Congreso o de sus comisiones—, a fin de poder tomar decisiones o realizar votaciones legítimas de los asuntos que desahogan. La existencia del quórum busca que el Poder Legislativo se ejerza en forma colegiada para impedir que una minoría tome decisiones; y, fomentar la reunión regular de los órganos legislativos. Para que puedan sesionar las cámaras del Congreso deben estar presentes más de la mitad de sus integrantes.

Según el Reglamento de la Cámara de Diputados es el número mínimo de diputados y diputadas requerido para que el Pleno, las comisiones y los comités puedan abrir sus sesiones y reuniones respectivamente, así como para realizar votaciones nominales.

La norma interna del Senado establece que el quórum se constituye con la asistencia de la mitad más uno de los integrantes de la Cámara.

R

REELECCIÓN

Es la acción de elegir a una persona para que ocupe por un segundo periodo el mismo cargo de elección popular que ya había ocupado con anterioridad. Posibilidad jurídica que tiene un individuo que haya desempeñado el cargo de legislador para contender nuevamente por el mismo puesto al finalizar el periodo de su ejercicio.

La historia en México nos ha enseñado a tratar con precaución esta figura electoral, recordemos que son varios actores políticos los que han abusado del poder encomendado por el pueblo, como Antonio López de Santa Anna, Porfirio Díaz y el mismo Benito Juárez, sus mandatos son recordados muchas ocasiones por las tantas veces que ocuparon la silla presidencial. Su afán por mantenerse en el poder los llevó a realizar actos distantes de un gobierno democrático.

Por lo anterior, la puerta de la reelección ha estado cerrada tajantemente para algunos cargos de elección popular como el Poder Ejecutivo Federal y local, sin embargo para otros se ha permitido como es el caso de los legisladores.

En México desde 1933 hasta el 2014 se reguló la no reelección inmediata para los miembros del Poder Legislativo, aun en calidad de suplentes, pero los suplentes que no hubiesen actuado como propietarios, sí podían ser elegidos con el carácter de propietarios para el periodo inmediato. De igual manera, los miembros de los congresos locales, los presidentes municipales, regidores y síndicos no podían ser reelectos para el periodo inmediato.

La reforma política-electoral de 2014 introdujo la reelección tanto a nivel federal para legisladores como a nivel local para legisladores y munícipes para quedar de la siguiente manera:

1) Los Senadores podrán ser electos hasta por dos periodos consecutivos y los Diputados al Congreso de la Unión hasta por cuatro periodos consecutivos. La postulación sólo podrá ser realizada por el mismo partido o por cualquiera de los partidos integrantes de la coalición que los hubieren postulado, salvo que hayan renunciado o perdido su militancia antes de la mitad de su mandato.

2) Las Constituciones estatales establecerán la elección consecutiva de los diputados a las legislaturas de los Estados, hasta por cuatro periodos consecutivos. La postulación sólo podrá ser realizada por el mismo partido o por cualquiera de los partidos integrantes de la coalición que los hubieren postulado, salvo que hayan renunciado o perdido su militancia antes de la mitad de su mandato.

REFERÉNDUM

La democracia semidirecta es aquella que hace referencia a los procedimientos mediante el cual el pueblo expresa su opinión y voto respecto de temas específicos, tomando en cuenta el resultado se impactará o no mundo jurídico. Una de estas formas de participación ciudadana es la consulta popular, dentro de la que se ubica al *referéndum,* que somete a la consideración de los ciudadanos un proyecto de ley, decreto o de revisión constitucional, previamente elaborada, la característica esencial es que versan sobre textos ya elaborados.

REGÍMENES POLÍTICOS

El régimen político es el conjunto de instituciones y principios por medio de los cuales el Estado organiza la forma de ejercer el poder político.

Es un concepto amplio que abarca dimensiones sociológicas, jurídicas y deontológicas inseparable de la actividad política, donde es fundamental observar y estudiar el funcionamiento real desarrollado y el impacto que estas actividades causan en la sociedad.

Desde los tiempos clásicos los filósofos plantearon una tipología del poder político, Platón en su obra célebre *La República,* advierte a la aristocracia como el gobierno con la forma ideal del Estado, siguiéndole la timocracia, la oligarquía y la tiranía; por su parte Aristóteles realiza su clasificación en su obra *La Política*: monarquía, democracia y aristocracia, llamándolas *formas puras* a las cuales se les correspondería su *forma impura* tras gobernar con fines egoístas: tiranía, demagogia y oligarquía, respectivamente. Algún tiempo después Nicolás Maquiavelo en la obra *El Príncipe* afirmó la existencia de repúblicas y principados, además es él quien en esta misma obra comienza a hacer uso del vocablo *Estado.*

Para mayor dominio del lenguaje político hay que precisar la diferencia entre forma de estado y forma de gobierno. La primera debe entenderse como lo señala, el jurista mexicano Andrés Serra Rojas, como "la estructura o contorno de la organización política, es decir, a la consideración total y unitaria de las instituciones políticas. Cuando nos referimos a formas de Estado aludimos al Estado visto como un todo, con los diversos elementos que lo componen".

En cuanto a la forma de gobierno nos dice Giuseppe Vergottini que son "...el complejo de instrumentos que se articulan para conseguir las finalidades estatales, y por lo tanto, los elementos que se refieren a la titularidad y al ejercicio de las funciones soberanas atribuidas a los órganos constitucionales...".

Serra Rojas, Andrés, Teoría del Estado, segunda edición, México, Porrúa, 1993,

Vergottini, Giuseppe de, Derecho constitucional comparado, Claudia Herrera (trad.), Argentina, Universidad, 2005.

REPRESENTACIÓN POLÍTICA

La democracia directa nació en Atenas, Grecia en el siglo V a.C., los ciudadanos elegían de forma directa a los gobernantes, en dónde se consideraba tanto un derecho como una obligación participar en la toma de decisiones concernientes a la ciudad. Los ciudadanos elegían, de entre ellos, a los que tomarían las riendas de la ciudad, alternándose el cargo y si no llegaba a cumplir la misión encomendada simplemente se sustituía.

Tiempo después de practicarse la democracia directa surgió en Esparta, Grecia una nueva forma de elegir a los gobernantes, se trataba de una ciudad aristócrata, donde los que gobernaban eran electos por ser considerados los mejores para gobernar.

El Diccionario de la Lengua Española señala que representación proviene del griego ἀριστοκρατία y tiene las acepciones siguientes: en ciertas épocas, ejercicio del poder político por una clase privilegiada, generalmente hereditaria; clase noble de una nación, de una provincia, etc.; clase que sobresale entre las demás por alguna circunstancia.

Tomando en cuenta su origen y el desarrollo hasta nuestros días, se observa que en todo el mundo se ha practicado esta figura política, dejando a un lado la democracia directa que sólo llegó a desarrollarse en Atenas.

La representación política es uno de los pilares de los Estados democráticos, su función se ha ido especializando y cerrando la esfera de quienes pueden llegar a ocupar estos cargos, ya que si bien es cierto todos los ciudadanos mexicanos tienen el derecho de ser electos para ejercer algún cargo de elección popular, la misma legislación en varios periodos históricos delimitaba esta participación a aquellas personas militantes de algún partido político. Ahora tras la reforma político-electoral se intenta que la posibilidad de ser electo popularmente se abra a todos los ciudadanos que cumpliendo los requisitos de ley deseen competir en las elecciones.

Por lo anterior, la representación política es el acto de elegir mediante un proceso electoral a las personas que ocuparán los cargos de elección popular, con el objetivo de representar los intereses de los ciudadanos que votaron por dicho candidato.

Naranjo Mesa, Vladimiro, Teoría constitucional e instituciones políticas, 4ª ed., Colombia, Temis, 1991.

Real academia de la lengua española, Diccionario de la lengua española, consultado en la siguiente página electrónica: http://lema.rae.es/drae/?val=aristocracia.

REPRESENTACIÓN PROPORCIONAL

El principio de representación proporcional es utilizado en países que eligen a sus candidatos por distritos plurinominales, la característica principal es la conversión del porcentaje de votos obtenidos por un partido en un porcentaje que equivale al número de escaños o lugares a ocupar en una legislatura.

Por ejemplo en México la Cámara de Diputados se conforma con 500 diputados, de los cuales 300 son electos mediante el principio de mayoría relativa y los otros 200 diputados son electos bajo el principio de representación proporcional, mediante listas regionales, votadas en circunscripciones plurinominales. El país se divide en cinco circunscripciones territoriales equilibradas según la cantidad total de votantes.

El artículo 54 Constitucional hace referencia a las reglas que se deben seguir para la elección de los 200 diputados, y a saber son:

La elección de los 200 diputados según el principio de representación proporcional y el sistema de asignación por listas regionales, se sujetará a las siguientes bases y a lo que disponga la ley:

I. Un partido político, para obtener el registro de sus listas regionales, deberá acreditar que participa con candidatos a diputados por mayoría relativa en por lo menos doscientos distritos uninominales;

II. Todo partido político que alcance por lo menos el tres por ciento del total de la votación válida emitida para las listas regionales de las circunscripciones plurinominales, tendrá derecho a que le sean atribuidos diputados según el principio de representación proporcional;

III. Al partido político que cumpla con las dos bases anteriores, independiente y adicionalmente a las constancias de mayoría relativa que hubiesen obtenido sus candidatos, le serán asignados por el principio de representación proporcional, de acuerdo con su votación nacional emitida, el número de diputados de su lista regional que le corresponda en cada circunscripción plurinominal. En la asignación se seguirá el orden que tuviesen los candidatos en las listas correspondientes.

IV. Ningún partido político podrá contar con más de 300 diputados por ambos principios.

V. En ningún caso, un partido político podrá contar con un número de diputados por ambos principios que representen un porcentaje del total de la Cámara que exceda en ocho puntos a su porcentaje de votación nacional emitida. Esta base no se aplicará al partido político que, por sus triunfos en distritos uninominales, obtenga un porcentaje de curules del total de la Cámara, superior a la suma del porcentaje de su votación nacional emitida más el ocho por ciento; y

VI. En los términos de lo establecido en las fracciones III, IV y V anteriores, las diputaciones de representación proporcional que resten después de asignar las que correspondan al partido político que se halle en los supuestos de las fracciones IV o V, se adjudicarán a los demás partidos políticos con derecho a ello en cada una de las circunscripciones plurinominales, en proporción directa con las respectivas votaciones nacionales efectivas de estos últimos. La ley desarrollará las reglas y fórmulas para estos efectos.

REQUISITOS DE ELEGIBILIDAD

Por requisitos de elegibilidad debe entenderse aquellos requerimientos establecidos en la legislación que debe cubrir la persona que desee ocupar algún cargo público.

En México para ser ciudadano se requiere, según el artículo 34 Constitucional, tener la calidad de mexicano, haber cumplido 18 años y tener un modo honesto de vivir.

Para ser Presidente de México se requiere según se desprende del artículo 82 Constitucional:

I. Ser ciudadano mexicano por nacimiento, en pleno goce de sus derechos, hijo de padre o madre mexicanos y haber residido en el país al menos durante veinte años.

II. Tener 35 años cumplidos al tiempo de la elección;

III. Haber residido en el país durante todo el año anterior al día de la elección. La ausencia del país hasta por treinta días, no interrumpe la residencia.

IV. No pertenecer al estado eclesiástico ni ser ministro de algún culto.

V. No estar en servicio activo, en caso de pertenecer al Ejército, seis meses antes del día de la elección.

VI. No ser Secretario o subsecretario de Estado, Fiscal General de la República, gobernador de algún estado ni Jefe de Gobierno del Distrito Federal, a menos de que se separe de su puesto seis meses antes del día de la elección; y

VII. No estar comprendido en alguna de las causas de incapacidad establecidas en el artículo 83.

Para cada cargo público como: diputado, senador, magistrado, gobernador, juez, ministro, etc., la legislación respectiva señalará la lista de requisitos que debe cumplir el aspirante.

S

SANCIÓN ELECTORAL

En términos generales, la sanción se refiere al castigo impuesto por la autoridad, ya sea judicial o administrativa, a las personas que han faltado a la ley o han hecho algo prohibido por la misma, también llamadas infractoras. Esta noción presupone la existencia de un acto ilícito, es decir, una conducta contraria a determinado ordenamiento jurídico.

En este caso podemos definirla como el castigo interpuesto por la autoridad electoral a las personas o instituciones electorales que han cometido algún acto contrario a la norma, estipulado como tal en la legislación electoral.

La Ley General de Instituciones y Procedimientos Electorales, contiene un apartado especial para las sanciones: Libro octavo, de los Regímenes Sancionador Electoral y Disciplinario Interno. Los sujetos de responsabilidad pueden ser: los partidos políticos; las agrupaciones políticas; los aspirantes, precandidatos, candidatos y Candidatos Independientes a cargos de elección popular; los ciudadanos, o cualquier persona física o moral; los observadores electorales o las organizaciones de observadores electorales; las autoridades o los servidores públicos de cualquiera de los Poderes de la Unión; de los poderes locales; órganos de gobierno municipales; órganos de gobierno del Distrito Federal; órganos autónomos, y cualquier otro ente público; los notarios públicos; los extranjeros; los concesionarios de radio o televisión; las organizaciones de ciudadanos que pretendan formar un partido político; las organizaciones sindicales, laborales o patronales, o de cualquier otra agrupación con objeto social diferente a la creación de partidos políticos, así como sus integrantes o dirigentes, en lo relativo a la creación y registro de partidos políticos; los ministros de culto, asociaciones, iglesias o agrupaciones de cualquier religión, entre otros sujetos a responsabilidad.

Los sujetos serán sancionados con multa, amonestación pública, reducción del financiamiento público, interrupción de la transmisión de la propaganda, pérdida del derecho del precandidato infractor a ser registrado como candidato, cancelación del procedimiento tendente a obtener el registro como partido político nacional, etc.

En el artículo 456 de la citada ley, se detallan las sanciones aplicables a cada uno de los sujetos que podrían llegar a tener responsabilidad. Caber aclarar que son sanciones administrativas y se establece en la normatividad el procedimiento que debe seguirse para hacer efectiva la sanción. Tras la reforma político-electoral se publicó también la Lay de delitos electorales, en la que se establecen los actos u omisiones castigados por la ley.

SISTEMAS DE PARTIDOS

La creación de los partidos políticos surgió por la necesidad de elegir a las personas que nos representarán, ejerciendo el poder político a favor de los individuos y por la necesidad de agrupar los distintos fines, objetivos y pensamientos que unen a determinadas personas.

Para comprender la figura del sistema de partidos políticos es importante tener claros los conceptos de democracia, representación política y partido político, ya que son instituciones que caminan a la par y forman parte del sistema político de un país.

Al conformarse distintos partidos políticos en una nación interactúan entre sí, formando distintas relaciones e instituciones, a través de la competencia que surge entre ellos para alcanzar los cargos de elección popular que se disputan, de tal forma que el sistema de partidos políticos puede definirse como "el conjunto de interacciones derivadas de la competencia entre partidos, así como las relaciones y dinámica que se presentan entre ellos es un Estado de terminado".

Para estar en posibilidad de hablar de un sistema de partidos debe, en primer término, existir al menos dos partidos que disputen las candidaturas, y como segundo requisito se debe desarrollar entre ellos una interacción continua, es decir, búsqueda y toma de acuerdos. Cabe aclarar que al hablar del sistema de partidos políticos se hace referencia al modo en que se externalizan sus actuaciones y no se refiere a la conformación interna de los mismos.

Nohlen Dieter, establece seis elementos fundamentales para cualquier sistema de partidos:

- Competencia e interacción entre partidos
- Número de partidos
- Tamaño de los partidos
- Distancia ideológica entre ellos

- Relación con la sociedad o con grupos sociales
- Actitud frente al sistema político

Centro de capacitación judicial electoral, Sistemas electorales y de partidos, "Manual del participante", México, Tribunal Electoral del Poder Judicial de la Federación, 2010.

Córdova Vianello, Lorenzo y Salazar Ugarte, Pedro (coords.), Constitución, democracia y elecciones: la reforma que viene, Mesa VI: Partidos políticos, México, IIJ, 2007.

Valdés Leonardo, Sistemas electorales y de partidos, México, Instituto Federal Electoral, 2001.

Nohlen, Dieter, La democracia, instituciones, conceptos y contexto, México, UNAM, 2011.

SISTEMAS ELECTORALES

Los sistemas electorales juegan un papel muy importante en la conformación de la democracia, ya que técnicamente contienen el modo mediante el cual el elector manifiesta su voto por el candidato o partido de su preferencia, y posteriormente cómo esos votos se convierten en escaños. El proceso anterior se realiza organizando:

- *La circunscripción electoral*, será la distribución consistente en dividir al territorio nacional en secciones equilibradas respecto del número de votantes. México divide a sus treinta y dos entidades y al Distrito Federal en cinco circunscripciones electorales.
- *La candidatura*, se refiere a la forma en que las personas serán postuladas para competir por el cargo de elección popular, es decir, existe la candidatura unipersonal y por lista, un candidato por partido político o varios por un mismo partido, respectivamente.
- *El tipo de elección*, será respecto del cargo de elección popular en disputa, puede ser para un cuerpo colegiado, unipersonales (presidente, gobernador, alcalde, etc.), o de participación ciudadana.
- *La forma y estructura del voto*, encontramos varias formas de manifestar el sufragio y la forma mediante la cual será considerado para arrojar los futuros resultaos. Existen varias formas del voto, entre las que se encuentran: el voto único, voto preferencial, voto múltiple, voto múltiple limitado, voto alternativo, acumulación, panachage, doble voto y voto simultáneo.

- *Las fórmulas de reparto o también sistemas de escrutinio electoral*, es el conteo de los votos y la modalidad mediante la cual se repartirán los cargos de elección popular respecto de los votos emitidos en una elección. Esta asignación se realiza mediante el sistema de mayoría, simple o absoluta, o mediante el sistema de representación proporcional, para este último existen varias formas de reparto, entre la que se encuentran las fórmulas: D. Hondt, Hagernbach-Bischoff, Saintre-Longe e Imperiali.

En función de los elementos anteriores que se elijan para estructurarlo será el tipo de sistema electoral que se conforme. En el mundo existen diferentes sistemas electorales y la doctrina suele dividirlos principalmente en las familias siguientes:

- Sistemas de mayoría;
- Sistemas de representación proporcional; y
- Sistemas mixtos.

Lo anterior se refiere al principio que se utilice de base para conformar la estructura, es decir, los sistemas de mayoría usan la mayoría simple o relativa, según se adapte mejor, lo mismo ocurre con el sistema de representación proporcional, su característica es hacer uso de este mismo principio.

Solo para ejemplificar y sin abordar a fondo, cada tipo de sistema se subdivide como sigue:

- Sistemas de mayoría
  - Mayoría simple
  - Doble ronda
  - Voto alternativo
  - Voto en bloque
  - Voto en bloque por partido
- Sistemas de representación proporcional
  - Representación proporcional por lista
  - Voto único transferible
- Sistemas mixtos
  - Sistemas paralelos
  - Representación proporcional personalizada

- Otros sistemas
  - Voto único transferible
  - Voto limitado
  - Conteo de borda

Como se observa son muchas las variantes que existen de los sistemas electorales, los que se han mencionado son los más utilizados en el mundo, eso no quiere decir que se hayan enlistado de forma limitativa, sino más bien enunciativa.

Naranjo Mesa, Vladimiro, Teoría constitucional e instituciones políticas, 4ª ed., Colombia, Temis, 1991.

Navarro Fierro, Carlos (trad.), Diseño de sistemas electorales, "El nuevo manual de IDEA Internacional", México, editorial Tribunal Electoral del Poder Judicial de la Federación-Instituto Federal Electoral-Instituto Internacional para la Democracia y la Asistencia Electoral, 2006.

Nohlen, Dieter, La democracia, instituciones, conceptos y contexto, México, UNAM, 2011.

Nohlen, Dieter, Sistemas electorales, 3ª ed., México, Fondo de Cultura Económica, 2004.

SISTEMAS POLÍTICOS

Los sistemas se conforman con una serie de elementos unidos, organizados e interdependientes, entre los que se surgen relaciones con distintas variantes. Como toda institución en estudio, es importante delimitar el campo en el que actúa, el sistema político se desenvuelve dentro de una sociedad ordenada y organizada políticamente mediante leyes creadas respecto de las necesidades de la población.

El sistema político puede definirse como el conjunto de procesos de toma de decisión concernientes a la sociedad, cuyos elementos característicos son por un lado los procesos de decisión y por el otro las relaciones de poder.

La diferencia del sistema político con el régimen político se basa en que el primero es más amplio e incluye al segundo, ya que el régimen político puede modificarse sin que se altere el sistema político.

SOBERANÍA

Es un concepto que surgió en el siglo XVI y principios del XVII, tras los acontecimientos socio-políticos entre los siglos XIV y XVI y que se seguiría desarrollando en los siglos posteriores y hasta actuales, ya que en cada momento histórico se hace referencia a distintas etapas ideologías, respecto de las cuales se estudia a la sociedad.

Actualmente se entiende la soberanía popular, como fundamento racional del Estado democrático, en el que se desarrolla el proceso electoral, relacionado con la evolución historia del vocablo *voto*, siendo éste último el medio para alcanzar uno de los objetivos del Estado contemporáneo, en dónde los derechos humanos y la democracia son los principales componentes del Estado; no son conceptos que se deban entender aisladamente, ya que todos se complementan para el mejor desarrollo humano. La soberanía popular como su nombre lo indica radica en el pueblo, es decir, que este tiene el derecho de modificar su estructura política.

La soberanía se refiere "al uso del poder de mando o del control político que se ejerce en distintas formas de asociación humana y que implica la existencia de algún tipo de gobierno independiente que se apoya en la racionalización jurídica del poder. La soberanía incorpora la noción de legitimidad en oposición al uso arbitrario del poder por parte de los actores que se amparan en la fuerza y en la coerción para imponerse sobre los demás. Implica entonces la transformación de la fuerza en poder legítimo. El paso del poder de hecho al poder de derecho".

V

VOTACIÓN

Acto mediante el cual los ciudadanos de una comunidad política, ejercen la prerrogativa constitucional del sufragio para elegir a las personas que serán titulares de algún cargo de elección popular o bien para emitir su acuerdo o desacuerdo sobre el tema presentado mediante alguna de las formas de la democracia participativa.

VOTO

El sufragio es el derecho que posee todo individuo, a quién una vez cumplidos los requisitos de ley se le otorga la posibilidad de intervenir en la vida política de su país, mediante los procesos de votación que al efecto se efectúen para elegir a los titulares de los cargos de elección popular que se disputen o votando en alguna de las formas de la democracia participativa: derecho de petición, iniciativa popular (referéndum o plebiscito), consulta popular, cabildo abierto o revocación de mandato popular.

El derecho al voto ha evolucionado conforme avanzan los años, ya que en décadas anteriores se tenía la convicción de que este derecho estaba reservado únicamente al género masculino y muchas veces hasta delimitado a ciertos sectores sociales.

En cuanto a la acepción etimológica de la palabra voto, proviene del latín *votum* y entre sus significados se encuentran según el Diccionario de la lengua española: expresión pública o secreta de una preferencia ante una opción; gesto, papeleta u otro objeto con que se expresa tal preferencia; parecer o dictamen explicado en una congregación o junta en orden a una decisión; persona que da o puede dar su voto.

En los países que se autodenominan democráticos en la actualidad, el voto debe tener como características mínimas: universal, igualitario, libre, secreto, personal, e intransferible.

Nohle Dieter establece distintos procedimientos de votación:

Voto único: cada elector tiene un voto.

Voto *preferencial*: mediante su voto, el elector puede expresar su preferencia por un candidato determinado.

Voto múltiple: el elector tiene varios votos o tantos como los escaños disputados en su circunscripción.

Voto múltiple limitado: el número de votos por elector es inferior al de los escaños disputados en la circunscripción.

Voto alternativo: el elector puede indicar segundas, terceras y cuartas preferencias.

Acumulación: el elector puede acumular varios votos a favor de un candidato.

Panachage: el elector puede repartir sus votos entre los candidatos de listas diferentes.

Sistema del doble voto: el elector tiene dos votos, uno por el candidato de un partido a nivel de la circunscripción uninominal, y otro por la lista de un partido a nivel de circunscripción plurinominal, sea ésta una asociación de circunscripciones correspondiente a un estado, un departamento o una provincia.

Voto simultáneo: el elector vota con un solo voto en función de dos o más decisiones.

Nohlen, Dieter, Sistemas electorales y partidos políticos, 2ª ed., México, Fondo de Cultura Económica, 1998.

Real academia de la lengua española, Diccionario de la lengua española, consultado en la siguiente página electrónica: http://lema.rae.es/drae/?val=voto.